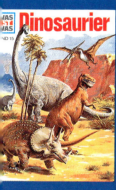  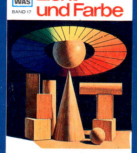  

  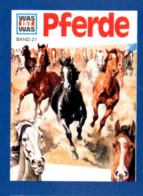 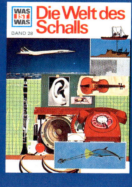 

  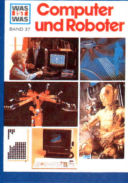  

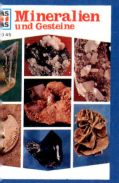 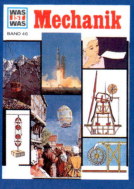 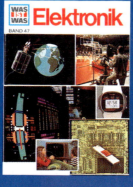 

Weitere Titel siehe letzte Seite.

~~Schreiber Linke~~
Ilorian Schröbler

Heimtiere

Von Heinz Sielmann

Unter Mitarbeit von Inge Dreecken und Walter Schneider
Illustrationen von Fritz WG. Köhler

„Kind mit Katze". Dieses Bild wurde von der Malerin Paula Modersohn-Becker gemalt.

Vorwort

Von Kindheit an hatte ich Umgang mit Tieren. Ihnen verdanke ich die schönsten Stunden meines Lebens. Und ich habe Glück gehabt: Ich konnte manches tun für das bessere Verständnis unserer „Brüder aus dem Tierreich". Dazu möchte ich auch mit diesem WAS IST WAS-Buch beitragen. Ich will zeigen, was ein Heimtier ist, wozu und wie man es hält, welche Eigenschaften und Bedürfnisse es hat. Vor allem auch: Wie es sich verhält und wie man sich selbst verhalten soll, um es besser zu verstehen. Für viele junge Menschen ist das der Anfang einer lebenslangen guten Beziehung zu Tieren. Und zugleich der Anfang einer echten Beziehung zur Natur. Denn daß so schrecklich viel mit unserer Umwelt in Unordnung geraten ist, liegt ja gerade daran, daß die meisten von uns so naturfern leben. Das aber macht nicht nur die Umwelt krank, sondern vor allem auch die Menschen. Denn da wir – wie Pflanzen und Tiere – Geschöpfe der Natur sind, ist in uns das Verlangen, mit allem Lebendigen in Frieden zu leben – nicht aber es zu quälen und auszurotten! Viele Heimtiere werden – aus Unkenntnis – unter Bedingungen gehalten, die ihnen Schmerz und Leid zufügen. Dieses Buch soll es verhindern helfen. Auch ich habe, als Fünfjähriger, meinen ersten Laubfrosch in ein Marmeladenglas gesperrt. Das war Tierquälerei. Ich wußte es damals nicht besser. Ein Tier halten bedeutet: Verantwortung tragen für ein Geschöpf, das mir anvertraut ist – und diese Verantwortung erweitern auf das Verhältnis zu unserer Umwelt.

Wir stehen heute an einem Wendepunkt. Zum erstenmal spüren und erkennen die Menschen klar die schweren Umweltschäden. Wenn wir die Natur auch weiterhin ausbeuten, vergiften, stören und zerstören, wird es bald zu spät sein. Es wird an der jungen Generation liegen, begangene Fehler in Zukunft zu vermeiden. Auch dazu will ich mit diesem Buch beitragen.

Heinz Sielmann

BILDQUELLENNACHWEIS
Rolf Hinz: Umschlag o. l., u. r.; S. 14; S. 21; **Okapia Tierbilder:** Umschlag u. l.; S. 4; S. 6; S. 8; S. 9; S. 14 o. l., o. r.; S. 15; S. 23; S. 26 o. r., u. l.; S. 27 o. l., u. r.; S. 29 u. l.; S. 35 u. l., u. r.; S. 38; S. 41 o. l., u. l.; S. 42 u.; S. 45; S. 47 u. l.; S. 48; **Toni Angermayer:** Umschlag u. m., u. r.; S. 18 u. l.; S. 19; S. 25 u. r.; S. 29 o. r.; S. 30 u. r., u. m., u. l.; S. 34 o. l., o. r., m. l., u. l.; S. 35 u. m.; S. 36 u. r., u. m., u. l.; S. 37 o. r.; S. 42 m. l., o. r.; S. 43 o. r., o. m., o. l.; S. 46 o. l.; S. 47 o. r., u. r.; **Naturphoto, Fischer-Nagel:** S. 12; S. 22 m.

WAS IST WAS, Band 72

Copyright © 1972 Tessloff Verlag, Nürnberg
Die Verbreitung dieses Buches oder von Teilen daraus durch Film, Funk oder Fernsehen, der Nachdruck und die fotomechanische Wiedergabe sind nur mit Genehmigung des Tessloff Verlages gestattet.

ISBN 3-7886-0412-3

Inhalt

Heimtiere – Tiere als Hobby   4
Was ist ein Heimtier?   4
Wozu züchtet man Heimtiere?   5
Wer züchtete die ersten Heimtiere?   5
Was muß man vor der Anschaffung wissen?   6
Wer darf Heimtiere halten?   7
Welche Tiere darf man nicht halten?   7
Woher bekommt man ein Heimtier?   8

Alltag mit Heimtieren   9
Wie gefährlich ist der Umgang mit Tieren?   9
Was ist bei der Anschaffung zu bedenken?   9
Was ist bei der Haltung zu beachten?   10
Wie füttert man Heimtiere richtig?   11
Wann braucht man einen Tierarzt?   12
Kann man Heimtiere mit auf die Reise nehmen?   13
Was ist, wenn das Tier daheimbleiben muß?   13

Der Hund – der Freund des Menschen   15
Was verbindet Hund und Mensch?   15
Was erwartet der Hund von seinem Herrn?   15
Was versteht der Hund – was kann er uns sagen?   16
Welcher Hund paßt zu wem?   18

Die Katze – ein Wildtier für die Wohnung   19
Warum ist die Katze ein „Einzelgänger"?   19
Was braucht eine Katze?   20
Was verstehen wir unter Katzenelend?   22

Kleine Nager im Haus   23
Warum sind manche Nager beliebte Heimtiere?   23
Wie hält man Nager?   24
Wer hat den Goldhamster entdeckt?   24
Wie lebt die Maus im Käfig?   26
Woher hat das Meerschweinchen seinen Namen?   27
Warum sind Chinchillas so begehrt?   28

Was macht uns bei Hörnchen am meisten Spaß?   29
Wie kann ein Kaninchen zum Heimtier werden?   29

Vögel in kleinen und großen Käfigen   31
Was interessiert uns so an Vögeln?   31
Welche Vögel passen zueinander?   31
Worauf muß man beim Vogelkauf achten?   32
Wie soll man Vögel halten?   32
Welche Krankheiten befallen Stubenvögel?   33
Wie kam der Wellensittich nach Europa?   34
Warum fressen manche Papageien ihre Federn?   35
Wer züchtete die ersten Kanarienvögel?   35
Warum sind Pracht- und Farbenfinken so beliebt?   36
Was ist an Webervögeln so spannend zu beobachten?   36
Wer ist der Spötterkönig unter den Vögeln?   37

Fische im Aquarium   38
Warum ein Aquarium?   38
Welches Aquarium paßt für welche Fische?   38
Was ist wichtig für Ernährung und Gesundheit von Fischen?   39
Welche Fische gehören ins Kaltwasseraquarium?   40
Welche Warmwasserfische sind für Anfänger interessant?   41

Tiere im Terrarium   43
Was können wir im Terrarium sehen?   43
Was ist ein Land- und was ein Uferterrarium?   44
Was ist bei der Pflege und Ernährung zu beachten?   45
Warum sind Schwanzlurche interessant zu beobachten?   45
Warum gilt der Laubfrosch als Wetterprophet?   45
Warum müssen Schildkröten so oft leiden?   46
Warum leben Eidechsen auch ohne Schwanz weiter?   46
Warum schlucken Schlangen, ohne zu kauen?   47
Warum gehören die meisten freilebenden Tiere nicht ins Haus?   48

Kinder und Tiere können gute Freunde werden.

Heimtiere – Tiere als Hobby

Wir unterscheiden Haustiere und Heimtiere. Haustiere sind Nutz- oder Gebrauchstiere: zum Lebensunterhalt, zum Schutz, zur Hilfe oder für andere Zwecke. Mit ihnen verdient man Geld. Heimtiere sind Liebhabertiere. Sie kosten Geld.

Was ist ein Heimtier?

Haustiere sind zum Beispiel das Vieh des Landwirts (Rinder, Pferde, Schweine, Schafe, Ziegen, Geflügel), der Jagdhund des Weidmanns, der Fährten- und Rauschgift-Spürhund von Polizei und Zoll, der Führhund des Blinden. Auch Katzen in Lagerhäusern (zum Mäuse- und Rattenfang), die Honigbienen des Imkers oder die Frettchen des Jägers sind Haustiere.

Heimtiere hält man sich zum Vergnügen, weil sie Freude machen. Die beliebtesten und häufigsten Heimtiere sind Katzen und Hunde.

Wozu züchtet man Heimtiere?

Tiere züchten heißt: bestimmte erwünschte Anlagen fest vererbbar machen. Zum Beispiel: Körpergröße und -form, Fellfarbe und -dichte; aber auch Eigenschaften wie Anhänglichkeit, Aufmerksamkeit, Sangesfreude oder Lernlust.

Haustiere züchtet der Mensch zu seinem materiellen Nutzen. Aber Heimtierzucht ist ein Luxus; man braucht sie nicht unbedingt. So züchtet man beispielsweise handliche und zutrauliche kleine Hunde, Katzen mit edlem Fell, schönfarbige Vögel oder bizarr geformte Fische — einfach zum Liebhaben oder um sich daran zu freuen. Ein Musterbeispiel dafür ist der Zwerghund.

Wer züchtete die ersten Heimtiere?

Den Anfang machten die Chinesen. Soweit uns heute bekannt ist, züchteten sie die älteste Zwerghunderasse der Welt, den Peking-Palasthund oder Pekingesen, früher Pekinese genannt. Eine Sage erzählt, daß sein Urahn, der „Löwenhund", durch die Paarung eines Löwen mit einer Äffin entstanden sei. Etwa 2000 Jahre vor unserer Zeitwende schufen chinesische Künstler Bronzestatuen von Hunden, die dem heutigen Pekingesen sehr ähnlich sehen. Zur Zeit der Tang-Dynastie, im 7.–10. Jahrhundert n. Chr., durften sie nur am Kaiserhof gehalten werden. Ihr Diebstahl wurde mit dem Tode bestraft — wie im alten Ägypten der Diebstahl von Katzen, die dort heilig waren. Im 8. Jahrhundert n. Chr. berichtete der chinesische Gelehrte Han-Yü: *Die Katze wird vom Menschen gezüchtet.* Und daß die Chinesen damals mit der gleichen Liebe an ihren Heimtieren hingen wie die Menschen heute, beweist eine Suchanzeige um das Jahr 950 an einer Haustür der Stadt Kai-feng: *Aus dem Hause von Yü-Ta-po ist ein Kätzchen entlaufen. Seine Farbe ist weiß, sein Name: Schneemädchen.*

Um das Jahr 1020 züchtete ein Stadtrat von Lien-shan viele Katzen. Er besaß an die hundert in allen denkbaren Fellfarben und gab ihnen die zärtlichsten Namen. Und um 1200 entlief der Enkelin des kaiserlichen Chefministers Chiu-Kuai die geliebte „Löwenkatze", eine besonders schöne Langhaarkatze. Die Kleine war so traurig darüber, daß ihr Großvater die ganze Millionenstadt Hanchou von Polizisten durchsuchen ließ, um das verlorene Lieblingstier seiner Enkelin wiederzufinden.

Auch Goldfische wurden im alten China gezüchtet. Die naturliebenden Chinesen beobachteten nämlich, daß es bei den karpfenartigen Karauschen große Unterschiede in Gestalt und Größe

Der kleine Löwenhund bellt den großen Drachen an. Die alten Chinesen haben solche Hunde gezüchtet, damit sie die bösen Geister vertreiben sollten.

gab. Und unter den Silberkarauschen entdeckten sie immer wieder einzelne Fische mit gelber oder rötlicher Färbung. Der älteste Bericht stammt aus der Zeit der Sung-Dynastie (960—1126). Man hat diese Karauschen zusammen mit Karpfen in Zierteichen gehalten und in langen, geduldigen Zuchtreihen den Goldfisch hervorgebracht. Er ist rot, seltener gelbrot oder weißlichgelb. Durch weitere langwierige Zucht entstanden verschiedene ungewöhnliche Rassen, wie Schleierschwanz, Teleskopfisch, Kometenschweif oder Löwenkopf.

Hunde haben Spaß an Spiel und Bewegung. Dieser Schäferhund bringt gerade einen Stock zurück.

Aus dem Goldfisch (oben) sind ganz verschiedene Formen gezüchtet worden, die in der Natur nicht vorkommen. Mitte links mit den „Glotzaugen": ein schwarzer Teleskopfisch. Rechts ein roter Löwenkopf. Unten ein Schleierschwanz.

Was muß man vor der Anschaffung wissen?

• Zur Heimtierhaltung gehört Zeit. Tiere muß man füttern und pflegen. Große Tiere verlangen mehr Aufwand als kleine. Hunde muß man ausführen, sie beschäftigen, mit ihnen spielen. Aquarien und Terrarien muß man täglich warten und instandhalten. Um Tiere richtig zu pflegen, muß man viel über sie wissen. Das kann man aus Büchern erfahren oder von Leuten, die gut Bescheid wissen. Zuerst muß man sich fragen: Habe ich jeden Tag eine bis drei Stunden Zeit? Die sind nämlich, je nach Tierart, nötig — oft erheblich mehr.

• Zur Heimtierhaltung gehört Geld. Viele Heimtiere, vor allem Rassetiere, sind sehr teuer. Aber darum geht's hier nicht. Denn viele andere kann man für wenig Geld oder gar umsonst bekommen: nette Hundemischlinge oder junge Kätzchen zum Beispiel. Doch sie alle brauchen Futter, Lager, Häuschen, Käfige oder Becken; Pflegemittel und manchmal auch einen Tierarztbesuch.

• Zur Heimtierhaltung gehört Platz. Tiere sind ihrer Natur nach keine Stubenhocker. Sie brauchen Bewegungsraum,

sonst verkümmern sie. Selbst Vögel, Kaninchen, Terrarientiere werden oft zu eng gehalten. Wenig Platz brauchen Goldhamster, ein paar Aquarienfische oder Katzen, die man nach draußen läßt, wenn sie es wollen.
• Auch Heimtiere sind nicht schutzlos. Das Tierschutzgesetz bestimmt, daß jedes Tier so gehalten werden muß, wie seine Art es braucht. Wer das versäumt und seinem Tier dadurch Schmerzen, Leiden oder Schäden zufügt, macht sich strafbar.

Jeder darf es — nur nicht jedes Tier.

Wer darf Heimtiere halten?

Im eigenen Haus oder in der Eigentumswohnung muß man dafür sorgen, daß die Nachbarschaft sich nicht belästigt fühlt — etwa durch Lärm, Gestank oder ansteckende Krankheiten der Tiere. Bei Mietwohnungen haben nicht nur Nachbarn, sondern vor allem der Vermieter mitzureden. Gegen ein paar Fische, einen Vogel oder Hamster wird keiner was sagen. Aber viele Mietverträge verbieten die Haltung von Hunden und Katzen. Da hilft nur eins: freundlich verhandeln und um die Erlaubnis bitten. Hat man sie oder duldet der Vermieter das Tier stillschweigend, dann kann er nur noch aus wichtigen Gründen widerrufen.

Im Zoo drängen sich die Kinder vor den Gehegen der Tierbabys. Kleine Löwen, Affen, Bären, Wildkatzen sind ja so nett! „So eins möcht' ich haben!"

Welche Tiere darf man nicht halten?

denkt man sich, „oder wenigstens ein Wildtier aus unserem Land ..." Manche Tierhandlungen bieten sie zum Verkauf an — auch andere interessante Tiere aus fernen Ländern. „Exoten" nennt man sie.
Aber leider: Wildtiere sind sehr empfindlich und oft gefährlich, wenn sie heranwachsen. Sie leiden schwer an der Gefangenschaft. Viele stehen auf der „Roten Liste". Das heißt: Sie gehören zu den gefährdeten oder aussterbenden Tierarten, die das interna-

So trägt man Katzen und kleine Hunde, damit es ihnen nicht weh tut. Sie im Genick zu packen und aufzuheben, wie das Tiermütter machen, ist nicht richtig.

Eine Waldwildkatze in ihrem Revier. Diese Verwandte unserer Hauskatze ist geschützt und hat sich in manchen Gegenden unserer Heimat wieder vermehrt.

tionale „Washingtoner Artenschutzabkommen" zu erhalten versucht. Sie dürfen nicht gefangen und verkauft werden. Trotzdem werden solche Tiere aus fernen Ländern noch immer eingeschmuggelt. Tierfänger ziehen durch die Naturlandschaften, um seltene Wildtiere, Vögel, Kriechtiere, Insekten und Fische zu fangen. Viele Gebiete sind schon ausgeplündert. Denn von zehn Tieren kommen immer nur zwei bis drei zum Verkauf. Die meisten sterben beim Fang oder Transport.

Allerdings gibt es viele Exoten, die bei uns nachgezüchtet werden. Kauft man sich so einen Fisch, einen Vogel oder ein Terrarientier zum Beispiel, dann sollte man die schriftliche Bestätigung des Händlers verlangen, daß das Tier aus einer Zucht stammt. Das gilt auch für viele unserer heimischen Tiere, die geschützt sind. So kann jeder mithelfen, gefährdete Arten vor dem Aussterben zu bewahren.

Woher bekommt man ein Heimtier?

Oft verschenken Verwandte oder Bekannte ein Tier. Tageszeitungen und Zeitschriften haben eine Rubrik „Tiermarkt" im Anzeigenteil. Manche Besitzer geben junge Tiere kostenlos ab, wenn sie nur in gute Hände kommen.

Im Zoogeschäft können auch Kinder über 6 Jahre kaufen. Es ist aber besser, einen Erwachsenen oder Freund dabei zu haben, der Erfahrung mit Tieren hat. Gut geführte Geschäfte verkaufen nicht nur Tiere samt allem Zubehör — sie beraten auch in Fragen der Haltung, der Pflege und des Verhaltens. Aber nicht alle Zoohandlungen und -versandgeschäfte sind zuverlässig. Auskunft darüber geben Züchtervereine, Tierschutzvereine und Amtstierärzte (Adressen im Telefonbuch).

Man kann aber auch in ein Tierasyl gehen. Im Tierheim warten verlassene „Fundtiere" auf ein neues Zuhause. Nicht selten findet man unter ihnen wertvolle Rassetiere, die meist nicht viel kosten. Oft haben ihre schlimmen Erfahrungen sie mißtrauisch gegen Menschen gemacht. Man muß Geduld mit ihnen haben. Dann belohnen sie unsere Zuneigung mit großer Anhänglichkeit, denn besser als jedes Tierasyl ist ein richtiges Zuhause.

Alltag mit Heimtieren

Wie gefährlich ist der Umgang mit Tieren?

Sogar kleine Tiere, wie Goldhamster und Mäuse, können empfindlich kratzen oder beißen. Darum sollte man nicht überraschend, ohne behutsame Vorankündigung, in den Behälter greifen. Denn das ist ihr Zuhause, ihr Revier, in dem sie sich sicher und behaglich fühlen sollen.
Niemals darf man sich einem Tier unversehens von hinten oder von der Seite nähern. Es könnte sich überrascht und dadurch bedroht fühlen. Vor allem neue, noch scheue Tiere reagieren dann sehr heftig.
Muttertiere soll man nie streicheln, solange sie ihre Jungen bei sich haben. Sie könnten diese Zärtlichkeit als Angriff auf ihre Kinder fürchten und sich wehren. Tiere spielen gern. Aber sie sind kein Spielzeug. Man soll sie nicht nach Lust und Laune herumschleppen. Manche Hunde und Katzen lassen es sich gefallen — aber nicht immer. Plötzlich schnappen sie zu, weil's ihnen zuviel wird oder weh tut.
Die Gefahr, sich bei Tieren anzustecken, ist gering. Hunde und Katzen muß man impfen lassen. Die amtliche Gesundheitsaufsicht nimmt es sehr genau. Im übrigen gibt es ein paar Grundregeln:

- Nicht von Tieren das Gesicht belecken lassen.
- Tiere nicht küssen.
- Vor dem Essen stets die Hände waschen.
- Das Tier gesund und sauber halten — dann ist nichts zu befürchten.

Der Umgang mit Tieren will gelernt sein.

Was ist bei der Anschaffung zu bedenken?

Jede Tierart lebt anders. Denn sie stammt von anderen Vorfahren ab, die in freier Natur bestimmte Verhaltensweisen und Nahrungsgewohnheiten angenommen haben. Ihre zahmen Abkömmlinge behalten das auch in unserer Obhut weitgehend bei. Sie haben sich nur mehr oder weniger unserem Leben angepaßt.

Ehe man sich ein Tier ins Haus holt, muß man erst mal einiges darüber lernen — über sein Wesen, seine Bedürfnisse. Man erfährt es bei einem Freund, einem Züchter, auf Ausstellungen, in der Zoohandlung, im Zoo oder im Tierheim. Tier und Mensch müssen ja zusammenpassen. Das Tier muß uns wirklich interessieren, es soll uns lange Zeit Freude machen. Darum läßt man sich nicht irgendein Tier schenken, sondern wünscht sich ein bestimmtes.

Soll es ein Tier zum Beobachten sein? Dazu eignen sich beispielsweise Zierfische, Prachtfinken, Mäuse, Molche oder Frösche. Oder ein Vogel, der sprechen, singen, nachahmen lernt? Das wären etwa Kanarienvogel, Wellensittich oder ein anderer Papagei, vielleicht auch ein Beo. Als Streichel- und Schmusetiere eignen sich Meerschweinchen, Kaninchen, Goldhamster. Richtige Familientiere aber, die sich völlig einfügen und zu guten Freunden werden, sind Hund oder Katze.

Was ist bei der Haltung zu beachten?

Der Anfänger beginnt am besten mit einem Einzeltier oder mit wenigen Fischen einer leicht zu haltenden Art. So sammelt man erste Erfahrungen. Allmählich kann man dann zu schwierigeren Tieren oder einer größeren Zahl von Pfleglingen übergehen.

Jedes Tier muß behutsam eingewöhnt werden. Lärm, hastige Bewegungen, oft auch grelle Kleidung (bei Vögeln zum Beispiel) verängstigt die Tiere. Man läßt sie in Ruhe, wenn sie Ruhe brauchen — das merkt man bald, wenn man gut beobachtet. Nie ein Tier zum Spielen zwingen! Nachtaktive Tiere — wie Goldhamster oder auch Mäuse,

Dieser Hund ist zu fett, weil er zu viel Essen bekommt und zu wenig Bewegung hat. Er ist krank.

Salamander und Kröten — sollte man am Tag möglichst in Ruhe lassen und nicht gewaltsam aus dem Behälter oder ans Licht zerren.

Heimtiere brauchen unbedingt Sauberkeit! Schmutz, alte Futterreste, zu enge Behälter und zu viele Tiere fördern Krankheiten und Ungeziefer, vor allem Hautschmarotzer. Tiere, die stubenrein werden können, wie Hund und Katze, muß man dazu erziehen. Manche Tiermutter erzieht ihre Jungen auch selber dazu.

Jedes Tier braucht sein eigenes Reich, das ihm gehört: der Hund seine ruhige Schlafecke, die Katze ihren Lieblings-

Diese Katze ist zu mager, ihr Fell zu struppig. Sie wird schlecht ernährt und kaum versorgt.

platz. Andere Tiere brauchen eine Kiste, ein bepflanztes Terrarium oder Aquarium, einen geräumigen Käfig — verschiedene Vogelarten sogar ein Freiflugzimmer oder eine Voliere. Hauptsache ist: genug Bewegungsraum für jedes Tier! Die meisten Behälter werden zu klein gewählt. Das ist Tierquälerei!

Manche Tiere — wie die „Exoten" aus warmen Ländern — brauchen stetige Wärme. Schildkröten brauchen Sonne, Eidechsen auch Bestrahlung mit einer Ultrarot-Lampe. Größere Tiere müssen viel Auslauf haben; das gilt auch für Meerschweinchen und Schildkröten.

Wie füttert man Heimtiere richtig?

Jedes Tier braucht die Nahrung, die seiner Art entspricht. Nur dann bleibt es gesund, munter, lebhaft. Viele Tiere sind mehr oder weniger Allesesser. Das heißt aber nicht, daß sie alles verdauen können, was man ihnen vorsetzt. Es heißt nur: Man muß sie möglichst vielseitig ernähren! Sogenannte Körnerfresser (wie Finkenvögel oder Papageien) brauchen auch Grünzeug. Raubtiere (wie Hund oder Katze) darf man nicht nur mit Fleisch füttern. Manche Vögel, wie die Weichfresser Beo oder Chinesische Nachtigall, brauchen viel Lebendfutter, ebenso die Frösche und Kröten.

Man darf das Tier auch weder unterernähren noch überfüttern! Sonst gibt es Gesundheitsstörungen, schlechte Haut, struppiges Fell oder Gefieder. Überfütterte Tiere werden zu dick. Haben sie obendrein zu wenig Bewegung, kommt es zu Bluthochdruck und Kreislaufstörungen — genau wie beim Menschen. Sie beginnen an „ernährungsbedingten" Krankheiten zu leiden und sterben früher. Erwachsenen Hunden und Schildkröten zum Beispiel bekommt ein Fasttag in der Woche gut, sofern sie nicht unterernährt sind. Sie leben dann länger.

Manche Heimtiere können gut mit Fertignahrung gefüttert werden: Hunde und Katzen, auch körnerfressende Vögel und andere Arten. Auf der Packung oder Dose steht, ob sie Vollnahrung (Alleinfutter) oder Beifutter enthält.

Vollnahrung enthält alle für das Tier notwendigen Bestandteile in der richtigen Menge: Eiweißnahrung (Proteine — wie Fleisch, Fisch, Milch); Fett; Kohlenhydrate (wie Reis, Teigwaren, Haferflocken und andere pflanzliche Stoffe) sowie Vitamine, Mineralstoffe (wie Eisen und Mangan) und Spurenelemente, die jeder lebende Körper braucht. Eine Beigabe von Grünfutter ist aber immer sinnvoll.

Das Wichtigste beim Füttern: die richtige Menge regelmäßig und pünktlich geben! Das Tier stellt sich nämlich darauf ein. Jüngere Tiere füttert man öfter am Tag, erwachsene Tiere je nach Art ein- bis dreimal. Vorsicht mit nicht verzehrtem Futter: Liegt es zu lange, siedeln sich Schmarotzer (Parasiten) an, Fliegen legen ihre Eier darauf. Das ist ungesund für Tier wie Mensch. Ißt ein Tier wiederholt seine Portion nicht auf, so stimmt die Zusammensetzung nicht oder die Portion ist zu groß. Dann muß man das richtige Futter geben — oder weniger.

Wann braucht man einen Tierarzt?

Gut wäre es, ein Tier, das neu ins Haus kommt, dem Tierarzt zu zeigen. Aber das wird nicht immer möglich sein. Bei größeren Tieren ist es jedoch nötig. Ehe man einen Hund kauft, sollte man zusammen mit dem Verkäufer zu einem Tierarzt gehen. Weigert er sich, ist wahrscheinlich etwas faul.

Der Tierarzt prüft den Gesundheitszustand, behandelt etwaige Krankheiten und Schmarotzer. Es kommen zwei Arten von Schmarotzern vor: Außenschmarotzer (Ektoparasiten) und Innenschmarotzer (Endoparasiten). Außenschmarotzer sind Flöhe, Läuse, Haarlinge, Zecken, hautschmarotzende Pilze und Milben. Innenschmarotzer sind vor allem Spul- und Bandwürmer.

Der Arzt weiß auch, ob und wann Tiere (vor allem Hunde und Katzen) gegen Seuchen geimpft werden müssen: gegen Staupe, Hunde- oder Katzenseuche, Tollwut. Und er weiß, ob es besser ist, das Tier sterilisieren oder kastrieren zu lassen.

Vor allem bei kleineren Tieren läßt sich oft schwer feststellen, ob sie krank sind. Typische Anzeichen sind: trübe oder tränende Augen, Ausfluß aus Mund oder Nase, struppiges oder glanzloses Fell, Federausfall (abgesehen von der normalen Mauser), an-

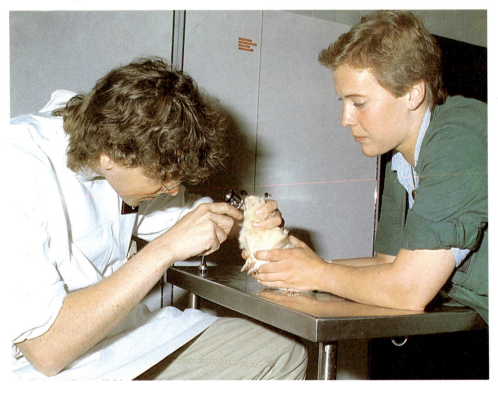

Der Tierarzt hilft, unser Heimtier gesund zu erhalten. Die Telefonnummer von Tierärzten mit Heimtierpraxis kann man durch Anruf beim Tierschutzverein bekommen.

haltende Appetitlosigkeit, starker Husten, blutiger Durchfall, offensichtliche Schmerzen.
Notfälle sollen sofort vom Tierarzt behandelt werden: Verkehrsunfälle, Vergiftungen (auch Rauchvergiftungen), Krämpfe, fiebrige Kreislaufstörungen, plötzliche Lähmungen und schwierige Geburten.

Manche Tiere kann man mitnehmen,

Kann man Heimtiere mit auf die Reise nehmen?

wenn es am Urlaubsort erlaubt ist und dort gute Unterbringungsmöglichkeiten bestehen: Hunde, Meerschweinchen, Kaninchen, Goldhamster, auch kleinere Stubenvögel (Kanarienvogel, Wellensittich).
Katzen müssen vorher an die Leine gewöhnt werden, sonst laufen sie unterwegs weg: Man macht sie etwa im Alter von zehn bis zwölf Wochen „leinenführig"; ältere Katzen lernen es kaum noch. Hund und Katze brauchen für die Reise: Schlafkorb, Freß- und Wassernapf, Medikamente gegen Durchfall und Verstopfung, eine zweite Leine, Kamm und Bürste und ein paar „persönliche" Sachen (Kauknochen, Spielzeug). Unterwegs braucht das Tier Frischwasser und reichlich Auslauf (etwa alle zwei Stunden). Wenn man ein Tier im Auto mitnimmt, muß es hinten sitzen.
Auf der Bahn kosten Hunde den halben Fahrpreis. Sie dürfen ins Abteil, wenn niemand Einspruch erhebt — sonst müssen sie in den Gepäckwagen. Bei Flugreisen kommen größere Hunde im Transportbehälter als „Gepäck" in den Laderaum. Manche Hunde verkraften das schwer. Kleinere Hunde und andere Kleintiere dürfen bei Inlandflügen mit in die Kabine: in einem sicheren Behälter von höchstens 46 × 25 × 31 cm Umfang. Das Tier muß darin aufrecht

Den kleinen Freund mit in die Ferien zu nehmen, macht Spaß. Aber es muß gut vorbereitet werden!

stehen und sich wenden können. Bedingung: Rechtzeitige Anmeldung bei der Fluggesellschaft. Bei Auslandsflügen aber müssen auch die kleineren Tiere in den Gepäckraum. Bei Charterflügen sind Tiere nicht zugelassen. Vor Auslandsreisen unbedingt frühzeitig nach den gültigen Impf- und Gesundheitsvorschriften erkundigen (Konsulate, Automobilklubs, Tierschutzvereine usw.)!

Bei Stubenvögeln, Aquarienfischen, Terrarientieren,

Was ist, wenn das Tier daheimbleiben muß?

auch bei Katzen ist das meist nicht schwierig. Man besorgt rechtzeitig einen zuverlässigen Ersatzpfleger: am besten einen Freund, Verwandten oder Nachbarn, der das Tier schon kennt. Körnerfressende Vögel können, wenn sie einen Futter- und Wasserautomaten im Käfig haben, auch zwei bis drei Tage allein bleiben; ebenso Goldhamster, denen man Möhren, geschälte und entkeimte Kartoffeln sowie Fertigfutter hinlegt.

Tiere im Heim: Geschulte Pfleger kümmern sich um ihr Wohlergehen. Die meisten Tierheime werden von Tierschutzvereinen betrieben. Aber das kostet viel Geld. Darum sind sie auf Beiträge, Spenden und Ersatz der Pflegekosten angewiesen.

Tierheime nehmen „Pensionsgäste" auf. Man muß sein Tier rechtzeitig anmelden und nach den Bedingungen fragen! Gesunden und widerstandsfähigen Tieren, den echten „Frechdachsen", machen solche Ferien im Tierheim sogar Spaß. Sie finden sich eben überall zurecht. Zärtlichen, verwöhnten Hunden oder Katzen kann das Heimleben jedoch sehr schlecht bekommen. Sie müssen dort meist im Massenkäfig leben. Das führt manchmal zu schweren seelischen Schäden.

Nun noch ein ganz trauriges Kapitel: Manche Leute — es sind bei uns nicht gerade wenige — setzen ihr Heimtier vor der Urlaubsreise oder unterwegs einfach aus. Sie werfen es aus dem Auto oder lassen es am Parkplatz zurück, weil es ihnen jetzt lästig oder zu teuer ist. In der Ferienzeit sind die Tierheime mit solchen „Findlingen" überfüllt.

Das ist eine besonders gemeine Art von Tierquälerei! Bevor man ein Tier ins Haus nimmt, muß man sich gründlich überlegen, ob man es zum Hausgenossen machen will — es ist keine Wegwerfware. Hat man ein Tier, so hat man auch Verantwortung. Später ist es nur noch selten möglich, es in andere, bessere Hände zu geben.

Der Hund – der Freund des Menschen

Was verbindet Hund und Mensch?

Von allen Haustieren ist nur der Hund ein echter Partner des Menschen geworden. Wenn der Junghund zu uns kommt, sucht er Anschluß an ein „Rudel". Und das ist die Familie. Denn der Hund ist vom Ursprung her ein Rudeltier. Nun fühlt er sich als Mitglied des „Menschenrudels". Er gehorcht dem, den er als „Rudelführer" anerkennt. Der Hund stammt von den Wölfen ab, die im Rudel, in der Meute, leben. Das ist eine geordnete Gemeinschaft wie die Menschenfamilie. Jeder muß für den anderen einstehen. Einer sorgt für den anderen. So etwas gibt es nur bei Menschen, bei Affen, Walen und hundeartigen Tieren. Und das verbindet Mensch und Hund miteinander. Darum wurde der Hund zum treuesten Haustier des Menschen und zu seinem beliebtesten Heimtier.

Was erwartet der Hund von seinem Herrn?

Er will wissen, zu wem er gehört. Er will sich bei seinen „Hundemenschen" geborgen fühlen. Er will ein Zuhause: einen Schlafplatz, Essen und Trinken, Sauberkeit und Ordnung – und viel Liebe. Er will gehorchen und zu bestimmten Aufgaben erzogen werden.

Wolfsrudel auf nächtlicher Jagd im hohen Norden.

Hunde spielen gern — vor allem die kleineren. Hunde arbeiten auch gern — vor allem die größeren. Auch das ist immer eine Art Spiel für den Hund. Aber sobald er merkt, daß man ihm alles durchgehen läßt, macht er sich selbst zum Rudelboß und setzt seinen Willen durch. Der Hund ist ein Lauftier — er braucht vor allem Bewegung: viel Auslauf, einem Ball nachjagen, einen weggeworfenen Stock apportieren (zurückbringen), herumtollen, auch mal einer Katze oder Hühnern nachjagen. Dann muß man ihn allerdings zurückpfeifen. Ein bis drei Stunden Bewegung am Tag muß er haben — je nach Größe.
Zwei Drittel des Tages verschläft oder verdöst der Hund. Beschäftigt man ihn nicht oder zu wenig, wird er faul, mürrisch und dick. Er beißt eher zu, bellt und kläfft auch mehr. Oder noch schlimmer: Er wird traurig.

Auch Augen, Ohrenstellung und Gebiß zeigen die „Stimmung" und Absicht des Hundes an. Fühlt er sich bedroht, kann er angreifen.

Aufmerksam

Demut/Angst

Freude

Angriff

Die „Körpersprache" des Hundes. Bei eingeklemmtem Schwanz hat er Angst. Wenn er den Schwanz hebt und dumpf knurrt: langsam rückwärts gehen!

Was versteht der Hund — was kann er uns sagen?

Ein Hund versteht eine Menge Wörter: seinen Namen, die wichtigsten Befehle und manches andere. Er hat ihre Bedeutung erfaßt, weil er diese Wörter und Zurufe immer wieder in einem bestimmten Zusammenhang hört. Er versteht natürlich nicht immer, *was* man ihm sagt, aber stets, *wie* man es sagt: laut oder leise, freundlich oder zornig, lobend oder tadelnd. Vor allem Lob, wenn er etwas gut gemacht hat, tut ihm sehr wohl!
Am Tonfall erkennt er unsere Stimmung: ob man traurig oder fröhlich ist, zaghaft oder selbstsicher. Von einem fremden Hund (manchmal sogar vom eigenen) werden fast nur Menschen gebissen, deren Angst er spürt. Und solche, die nicht die Hundesprache verstehen.

16

Bedenklich　　　　　　　　　Drohend　　　　　　　　　Angriffsstimmung

Denn genau wie wir hat auch der Hund zwei Sprachen. Wir kennen die Sprache der Wörter (Lautsprache) und die Körpersprache: Gesichtsausdruck (Mimik) und Bewegungen (wie der Gang oder die Gestik der Hände).

• Lautsprache des Hundes: fiepen, winseln, schniefen, knurren, jaulen, bellen, heulen. Daran erkennt man, ob er fröhlich, gesund, spielfreudig, unwillig, wachsam, gereizt, vielleicht krank oder wütend ist.

• Körpersprache des Hundes: Augen funkelnd oder mißtrauisch; Ohren aufrecht, schräg oder hängend; Schwanz wedelnd, aufrecht, hängend oder eingeklemmt. Sie zeigen an: Freude — Zorn — Mißtrauen — Aufmerksamkeit — Angriffslust — Vorsicht — Angst (und gerade dann beißt der Hund leicht zu).

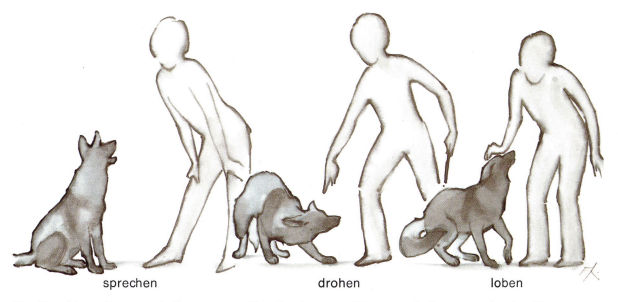

sprechen　　　　　　　　　drohen　　　　　　　　　loben

Der Hund begreift, was wir ihm sagen wollen durch unsere Stimme und die entsprechenden Bewegungen.

Der Mensch hat Hunde verschiedener Größen gezüchtet — hier eine Deutsche Dogge mit Zwergspitz.

Wer einen Hund haben will, muß erst mal überlegen:

Welcher Hund paßt zu wem?

Soll's ein Rassehund sein oder ein Mischling? Ein großer oder kleiner? Ein Rüde oder eine Hündin? Es gibt mehr als 400 Hunderassen. Rassehunde sind meist sehr teuer — es sei denn, man holt sich einen armen „Findling" aus dem Tierheim. Mischlinge sind billiger. Oft kriegt man sie sogar umsonst, wenn ihr Besitzer nicht weiß, wohin mit den netten kleinen Kerlen.

Mischlinge sind auch nicht dümmer oder unfreundlicher als Rassehunde. Bei beiden gibt es ruhige und lebhafte Tiere, träge und temperamentvolle. Sehr wichtig ist, wie man den jungen Hund erzieht. Wer einen haben will, muß sich erst mal fragen: Wieviel Zeit und Mühe will ich für ihn aufwenden?

Ein großer Hund paßt nicht in eine kleine Wohnung — es sei denn, man hat sehr viel Zeit, um mit ihm ins Freie zu gehen. Kauft man den Welpen (den jungen Hund), so muß man fragen, wie groß er wohl einmal wird.

Hunde mit langen Haaren brauchen viel mehr Pflege als Kurzhaarhunde. Sie bringen auch mehr Schmutz ins Haus. Die meisten Kleinhunde beanspruchen viel Zeit.

Eine andere Frage: Männchen (Rüde) oder Weibchen (Hündin)? Die Hündin wird mit etwa acht Monaten (ausnahmsweise schon mit sechs oder mit spätestens fünfzehn Monaten) geschlechtsreif. Man nennt es die erste Läufigkeit oder Hitze. Das wiederholt sich alle sechs Monate. Jetzt kann sie von einem Rüden gedeckt werden und Junge bekommen. Wer das nicht will, kann sie unfruchtbar machen lassen. Ob bei Hündin oder Rüde Sterilisation oder Kastration angebracht ist, bespricht man mit dem Tierarzt.

Eine Hundemutter spielt mit ihren Welpen: Cavalier King Charles Spaniel. Ihr Name stammt von Karl II. von England, der solche Hündchen besaß.

Eine heimische Waldwildkatze in ihrem Baumrevier.

Die Katze – ein Wildtier für die Wohnung

Die Hauskatze *(Felis domestica)* stammt von Wildkatzen ab, die in Nordafrika bis Vorderasien heimisch sind: die Falbkatzen. Sie sind nachtaktive „Einzelgänger". Wildkatzen gibt es in vielen Unterarten in Asien, Afrika und Europa, auch in Amerika. Jedes Tier, ob Kätzin oder Kuder (so heißt der Kater bei Wildkatze und Luchs), behauptet ein eigenes Revier. Das tut auch unsere heimische Wildkatze, die Europäische Waldwildkatze *(Felis silvestris silvestris).* Sie ist größer, stärker und dichter behaart als die Hauskatze, die sich mit ihren wildlebenden Verwandten paaren kann. Nur zur Paarungszeit (Ranz- oder Rollzeit) duldet die scheue Wildkatze eine andere in ihrem Waldrevier. Sie läßt sich in Gefangenschaft kaum halten, denn sie ist zornig auf ihre Freiheit bedacht.

> **Warum ist die Katze ein „Einzelgänger"?**

Diese Einzelgängerrolle hat sich auch unsere Hauskatze bewahrt. Sie schließt sich dem Menschen nicht so eng an wie der Hund. Trotzdem wird sie aber sehr zutraulich und anhänglich. Noch immer ist sie ein „Schleichjäger", der am liebsten nachts auf die Pirsch geht. Aber als Hauskatze hat sie ihr Verhalten teilweise geändert und geht auch tagsüber auf Mäuse- oder Rattenfang.

Lautlos, mit eingezogenen Krallen (das kann der Hund nicht — seine Tritte „klirren"), windet sie sich geduckt am Boden, um ihre Beute zu beschleichen und zu überlisten. Dafür besitzt sie die ideale Raubtiergestalt. Gewandt schlüpft sie durchs Gebüsch. Mühelos meistert sie hohe Hindernisse mit einem Sprung. Sie klettert auf Bäume (wo die Wildkatze auch schläft), auf Dächer und Mauern. Sie ist frei und unabhängig von ihren Artgenossen — nur an ihr Revier gebunden, nicht an Mitkatzen.

Was braucht eine Katze?

Katzen brauchen Zärtlichkeit — aber nicht immerzu. Wenn sie gerade Lust dazu haben, schmusen sie gern, lassen sich kraulen und streicheln und schnurren dazu vor Behagen. Haben sie genug, so zeigen sie ihre Krallen und springen davon.

Katzen suchen Wärme. Als Abkömmlinge südlich lebender Wildkatzen genießen sie die Sonnenwärme draußen oder am Fenster — im Winter die Heim- und Ofenwärme.

Katzen sind genauso intelligent und lernfähig wie Hunde — aber nicht so lernwillig. Was sie wirklich lernen wollen, das können sie auch. Vom zweiten bis siebenten Lebensmonat kann man einer Katze alles beibringen, was sie für ihr Heimtierleben braucht. Mit Schimpfen und Schreien aber verschreckt man sie nur. Hunde lernen

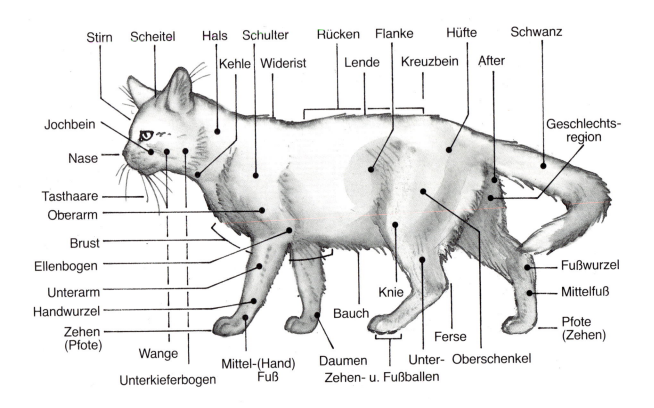

Bezeichnungen für die Körperteile einer Katze.

20

durch ständiges Üben (früher nannte man das „Dressur") — Katzen lernen nach einer anderen Methode. Man zeigt der jungen Katze, was sein soll und was nicht: aufs Katzenklo gehen — nicht auf den Teppich machen, am Pfosten kratzen — nicht an den Möbeln, aus der Schüssel essen — nicht naschen, auf Stühle springen — nie auf den Tisch. Die Katze wird das bald einsehen.

Mit sechs bis sieben Wochen kann man sie stubenrein machen — meist leichter als einen kleinen Hund. Sie hält feste Fütterungszeiten ein, nascht nicht, hört auf ihren Namen und läuft ohne Erlaubnis nicht aus der offenen Tür.

Da die Katze als Einzelgängerin sehr freiheitsbewußt ist, möchte sie am liebsten kommen und gehen, wie und wohin sie mag. Sie bekommt „Platzangst", wenn man sie einsperrt. Darum sollte sie — vor allem, wenn niemand in der Wohnung ist — möglichst durch alle Räume spazieren können. Im eigenen Haus kann man eine Katzenpforte anbringen. So kann die Katze jederzeit ins Freie — vielleicht in den Garten. In der Stadt ist das leider oft zu gefährlich.

Wildkatzen haben ihren Unterschlupf auf Bäumen. Darum brauchen Hauskatzen auch einen möglichst hochgelegenen Ruhe- und Beobachtungsplatz in der Wohnung. Das beste ist ein Kratzpfosten oder Kratzbaum mit Liegeplatz. Außerdem suchen sie sich in der Wohnung stets mehrere Ruheplätze. Als Schlafplatz dient ein Korb, eine Kiste, ein Karton — immer gut ausgepolstert und seitlich geschlossen: dann fühlt sie sich sicher.

Katzen sind recht leicht zu halten. Sie sind sehr reinlich und bringen ihr Fell täglich durch „Putzlecken" in Ordnung. Trotzdem muß man sie öfter bürsten. Sie erkranken selten und sind, wie man sagt, ziemlich „zäh". Trotzdem muß man sich um ihre Gesundheit kümmern. Manche Katzen sind krank, ohne daß ihr Besitzer es merkt. Eine gesunde Katze

Es gibt viele Hauskatzenrassen — hier eine Siam.

Das sind Pfotenabdrücke.

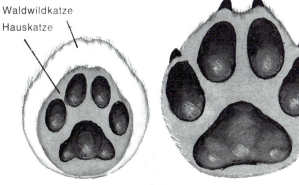

Katze   Hund   Fuchs

kann leicht zwölf bis fünfzehn Jahre alt werden. Es gab schon Katzen, die dreißig Jahre und älter wurden.

Was verstehen wir unter Katzenelend?

Jedes Jahr kommen viele Kätzchen zur Welt, die niemand haben will. Sie werden ersäuft, erschlagen oder einfach ausgesetzt. Die Ausgesetzten kommen meist elend um, werden überfahren oder vom Jäger erschossen, weil sie „wildern". Einige schlagen sich mühsam als streunende Katzen durch.

Denn eine heimatlose Hauskatze verwildert zwar, aber sie wird nie wieder zum echten Wildtier, das sich auf „artgemäße" Weise ernähren und erhalten könnte.

Es ist verantwortungslose Tierquälerei, Katzen an sich zu gewöhnen und sie später auszusetzen, zu vertreiben oder nicht mehr zu füttern, so daß sie zum Streunen gezwungen sind. Denn vor allem in der Großstadt finden sie nicht genug Entfaltungsraum. Außerdem haben viele Katzen, wenn man sie zu früh von ihrer Mutter weggenommen hat, das Beutemachen gar nicht gelernt. Dann können sie nur stehlen, Mülltonnen ausplündern, unbrauchbare Abfälle verzehren.

Darum soll man sich frühzeitig, sobald die Kätzin schwanger ist, um tierfreundliche Abnehmer für die überzähligen Kätzchen kümmern — vielleicht auch im Tierheim nachfragen oder eine Anzeige aufgeben. Notfalls müssen wir einige Kätzchen zum Tierarzt bringen, der sie einschläfert. Viel besser ist es, das Tier vorher unfruchtbar machen zu lassen, wenn man keine Katzen züchten will. Der Tierarzt bestimmt den be-

Katze im Schlafkorb.

Rechts: Katzen schärfen jeden Tag ihre Krallen. Damit sie es nicht an den Möbeln machen, gibt man ihnen ein Kratzbrett oder den Kratzpfosten. In der Mitte ein Kratzbaum mit Federzug-Spielzeug und Liegeplatz.

sten Zeitpunkt: möglichst nach der ersten Hitze und jedenfalls nicht vor der Geschlechtsreife, bei Kätzinnen vielleicht auch nach dem ersten Wurf. Mit der Kastration entfernt der Arzt die Hoden (beim Kater) oder die Eierstöcke (der Katze). Mit der Sterilisation unterbricht er den männlichen Samenstrang oder die weiblichen Eileiter. Jeder Arzt mit Kleintierpraxis führt diese einfache Operation unter Betäubung aus. Es ist keine Gefahr dabei. Die Tiere müssen nicht leiden. Man hilft aber, das Katzenelend zu vermeiden.

Eine „verstoßene" Großstadtkatze — krank und voller Ungeziefer. Welch jammervoller Anblick! Tiere sind keine Wegwerfware, sondern Geschöpfe, die Schmerz und Leid ebenso fühlen wie wir selbst.

Kleine Nager im Haus

Einige der beliebtesten Heimtiere sind Nagetiere. Nager sind die artenreichste Säugetierordnung: fast 3000 Arten — an die 6000 Unterarten, etwa die Hälfte aller Säugetiere. Dabei unterscheidet man drei Unterordnungen: Hörnchenverwandte, Mäuseverwandte und Stachelschweinverwandte. Ihre Schneidezähne — je ein Paar im Ober- und Unterkiefer — sind zu starken, meißelförmigen Nagezähnen umgebildet, die halbkreisförmig gekrümmt sind und ständig nachwachsen. Deshalb brauchen die Nager auch hartes Knabberfutter zum Abschleifen. Es sind Pflanzenfresser. Die kleinen Nager gewöhnen sich gut ein. Manche werden sogar zutraulich und anhänglich. Wirklich hand- und hauszahm werden aber nur Einzeltiere, die ihren Pfleger als Ersatzpartner betrach-

> **Warum sind manche Nager beliebte Heimtiere?**

23

ten. Mäuse und Ratten zum Beispiel lassen keine engere Beziehung zu. Sie sind aber besonders interessant zu beobachten. Man kann an ihrem Alltagsleben, bei Paarung, Fortpflanzung und Jungenpflege die Vererbungslehre und Probleme der Verhaltensforschung aus der Nähe studieren.

Leider werden die meisten Nager nicht sehr alt, gewöhnlich nur zwei bis drei Jahre. Nagetiere haben viele Junge. Manche Arten sind „Kannibalen": Sie fressen die eigenen Kinder auf. Hauptgründe dafür sind Platzmangel, zu wenig Ruhe, vor allem auch Lärm durch überlaute Radio-, Platten- und Kassettenmusik oder zu einseitige eiweißarme Ernährung. Es ist besser, das Vatertier vor der Geburt der Jungen in einen Ersatzbehälter zu bringen.

Nagetiere haben oben und unten je zwei Schneidezähne, die sich beim Nagen selbst schärfen.

Wie hält man Nager?

Größte Gefahren für Nagetiere sind Unsauberkeit, Zugluft und daraus entstehende Erkrankung der Atemwege. Darum muß der Behälter zugluftfrei stehen, aber Frischluftzufuhr ermöglichen. Auch muß er sich leicht reinigen lassen. Je nach Art gehört ein größerer oder kleinerer Schlafkasten hinein: Das Tier muß sich sicher fühlen in seinem Häuschen — den Ersatz für die unterirdische Höhle in Freiheit. Auch sind die meisten Nager „nachtaktiv", schlafen also bei Tag. Da brauchen sie Ruhe und mollige Wärme. Als Nistmaterial und Streu dienen Stoffetzchen, Zellstoff (kein bedrucktes Papier!), für größere Tiere auch Heu, Sägespäne oder handelsübliche Streumittel.

Nager sind anspruchslose Esser. Man kann Fertigfutter nehmen, dazu Grünfutter und Obst. Das beste Mittel, ein Tier an uns zu gewöhnen, ist die Fütterung: anfangs geeignete Leckerbissen in den Käfig stellen; stets regelmäßig füttern — die Tiere stellen sich darauf ein — und durch Kratzen am Käfig herbeilocken; dann Leckerbissen mit Holzstäbchen reichen, später mit der Hand. Wichtig: Futterreste herausnehmen und den Napf täglich säubern! Verdorbenes Futter, auch verwelktes Grünzeug, machen krank. Täglich frisches Wasser geben!

Wer hat den Goldhamster entdeckt?

Der Goldhamster gehört zur großen Sippe der Mäuse. Er verschläft den Tag. Nachts läuft er auf Nahrungssuche weit durch Steppen und Wüsten. Seine Heimat ist Syrien.

Im Jahre 1930 grub ein Zoologe der Hebräischen Universität von Jerusalem ein Weibchen mit zwölf Jungen aus dem Bau, der zweieinhalb Meter tief unterm Wüstenboden lag. Einige Tiere schickte er nach London, wo man sie weitergezüchtet hat. Von ihnen stammen alle die Millionen und Abermillio-

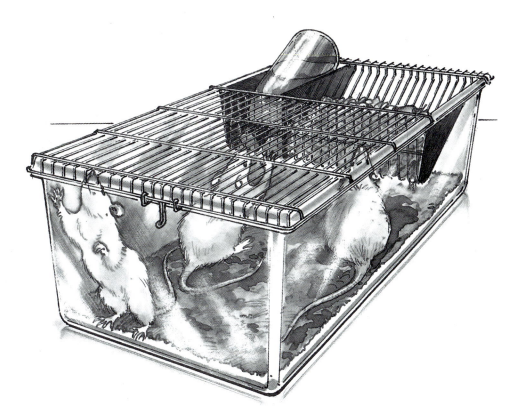

In diesem Käfig für Albino- und Farbratten sind Fütterungsautomaten und Trinkflasche eingebaut. Ratten sind gescheite Tiere, die ihren Pfleger kennen und zahm werden.

nen Labor- und Heimgoldhamster der Welt ab. Außerdem auch die vielen Spielarten der wildfarbigen Hamster: oben goldbraun und unten weiß; graubraune, graue, beige, blaue Hamster, weiße Albinos mit roten Augen, weiße „Russenhamster" mit schwarzen oder grauen Augen, gescheckte Hamster und sogar Mißgeburten wie der „Mopskopf". Besonders zutraulich wird der Chinesische Zwerg- oder Streifenhamster.

Der Goldhamster ist ein Einzelgänger. Sobald er eingewöhnt ist, kann man ihn gegen Abend mal herausnehmen und herumtragen. Aber Vorsicht: Er nagt an allem — selbst an Wänden und Tapeten. Wenn er ins Freie entwischt, hat er bei uns keine Überlebenschance.

Nachts rennen Goldhamster im Laufrädchen oft unermüdlich „durch die Wüste" — manchmal auch bei Tag. Da sie in ihren Backentaschen Vorräte ins Häuschen tragen (sie „hamstern"), muß man ihren Behälter sehr sauber halten. Bei schlechtem Geruch gehen sie die Wände hoch: sie können ihn nicht ausstehen.

Der Goldhamster, hier die Wildform, ist ein beliebtes, leicht zu haltendes Heimtier.

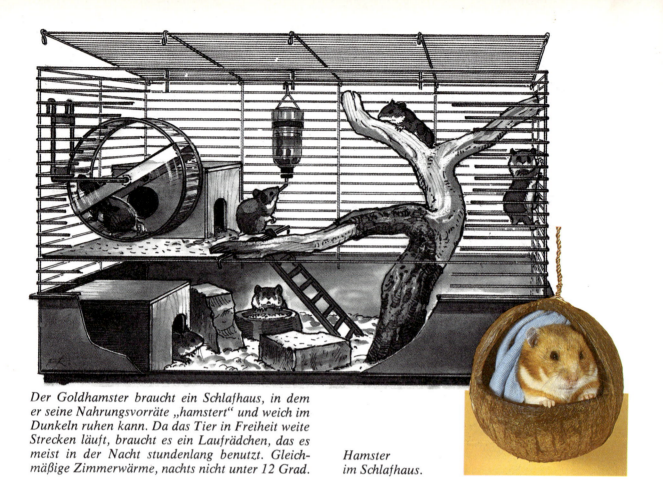

Der Goldhamster braucht ein Schlafhaus, in dem er seine Nahrungsvorräte „hamstert" und weich im Dunkeln ruhen kann. Da das Tier in Freiheit weite Strecken läuft, braucht es ein Laufrädchen, das es meist in der Nacht stundenlang benutzt. Gleichmäßige Zimmerwärme, nachts nicht unter 12 Grad.

Hamster im Schlafhaus.

Wie lebt die Maus im Käfig?

Mäuse sind Nachttiere, die in Rudeln leben. Es gibt Zuchtmäuse verschiedenster Farben: silbern, gescheckt, zimt-, schokoladen- oder milchkaffeefarben, schwarz, lila, hellorange, rotbraun mit roten Augen zum Beispiel. Unsere grauen Hausmäuse kamen wahrscheinlich einst mit Getreideladungen aus dem Iran nach Europa. Auch die weiße oder Labormaus stammt von ihnen ab.

Mäuse sind sehr lebhaft. Sie laufen, klettern, graben und schwimmen. Ihr Orientierungs- und Geruchssinn ist vorzüglich, ihr Gemeinschaftsleben geradezu aufregend interessant. Sie haben eine geregelte Sozialordnung, streng regiert vom „Oberbock" oder einem „Ältestenrat", der aus mehreren starken Männchen besteht. Fremde Männchen beißen sie tot oder zwingen sie zur Unterwerfung. Mäuse leben in „Geruchsverwandtschaft" wie Ratten. Das heißt: Der Eigengeruch der Sippe ist ihnen angenehm und vertraut. Fremdgeruch bedeutet Feindschaft. Daher muß ihr Behälter sehr sauber sein. Auch Feldmäuse, die man selbst fängt, lassen sich gut halten.

Die weiße Maus stammt von unserer Hausmaus ab.

Interessant sind die Mongolische Rennmaus und die Wüstenspringmaus. Letztere muß man als Paar halten: sie vollführen dann erstaunliche Hochweitsprünge! Die Japanische Tanzmaus sollte man nicht kaufen. Infolge krankhafter Vererbung ist sie taub und läuft ständig im Kreis. Ihr „Tanz" ist ein trauriges Gebrechen.

Mäuse kann man als Einzeltier oder Pärchen halten: zur Zucht zwei bis vier Weibchen mit einem Bock. Weibchen werden zahm, aber nie zutraulich; der Bock bleibt immer bissig. An Nachwuchs gibt's fünf bis sechs Würfe im Jahr: je vier bis acht nackt und blind geborene Junge. Die Mausmutter sorgt aufopfernd für ihre Brut. Die Kleinen öffnen nach zehn bis vierzehn Tagen ihre Augen. Schon nach vierzig Tagen sind sie geschlechtsreif. Ihre Lebenserwartung: nur ein bis zwei Jahre.
Leider sind Mäuse sehr krankheitsanfällig. Selbst der Tierarzt kann nicht immer helfen.

Die Wüstenspringmaus ist ein Nachttier. Meist bekommt man eine Ägyptische Wüstenspringmaus, Dscherboa, die von Nordafrika bis Iran vorkommt.

Sehr beliebt bei Kindern ist das Meerschweinchen.

Woher hat das Meerschweinchen seinen Namen?

Es stammt aus Mittel- bis Südamerika. Im 16. Jahrhundert brachten holländische Seefahrer einzelne Tiere mit „übers Meer". Eine andere Erklärung: Es heißt „Möhrschweinchen", weil es so gern Möhren frißt. Keinesfalls aber ist es mit unserem Schwein verwandt, sondern mit dem südamerikanischen Wasserschwein (Capybara), dem größten aller Nagetiere. Noch heute ist es in Südamerika, vor allem in Peru, als Haus- und Spieltier der Kinder beliebt. Es lebt von Küchenabfällen, wie unser Hausschwein, und gilt als ebenso schmackhaft. Die Wildform haust rudelweise in Felsspalten und Erdhöhlen der Gebirge. Schon die Inkas haben sie als Opfertiere benutzt.
Meerschweinchen sind „tagaktiv". Gutmütig, handzahm, wenn auch etwas schreckhaft, lassen sie sich gern streicheln. Sie begrüßen ihre Pfleger morgens oft mit Pfiffen. Sie schnurren und grunzen gemütlich wie Schweinchen, können bei Erregung auch durchdringend quieken. Es gibt zahlreiche Zuchtformen, vor allem: dreifarbig glatthaarig (schwarz-braun-weiß); zwei- bis dreifarbige Rosetten-Meerschweinchen (rauhhaarig); beige, gelbe, braune, schwarze Tiere und langhaarige Angoras. Meerschweinchen riechen nur dann schlecht, wenn man sie nicht sauber hält.

Tips für den Kauf: Am besten im Alter von zwei bis drei Monaten (etwa 500 Gramm schwer). Auf Gesundheit achten: keine verklebten Augen und Nase — Lippen und Ohren ohne Krusten. Der After muß sauber sein, das Fell glänzen. Das Tier soll gut genährt und munter wirken. Wenn es röchelt oder der Atem pfeift, ist es erkältet — eine der häufigsten Todesursachen. Darum stets vor Zugluft hüten! Als Behälter genügt eine Kiste.

Seit alter Zeit jagten die Indios Chinchillas mit Wieseln, ihren natürlichen Feinden — ohne den Bestand zu gefährden. Erst als Chinchillapelze in Europa und den USA begehrt wurden, stellten „Chinchilleros" den Tieren nach und erbeuteten sie alljährlich zu Hunderttausenden. Heute stehen sie unter strengem Naturschutz. Um 1923 ließ der amerikanische Bergwerksingenieur H. W. Chapman durch bezahlte Tierfänger 11 Tiere fangen und nach

Ein Meerschweinchengehege. Drahtgitterdeckel und Dach sind zu öffnen. Zum Auslauf im Garten kann man einen Drahtpferch bauen, darf aber keine chemischen Gifte verwenden.

Chinchillas stammen aus Südamerika.

Warum sind Chinchillas so begehrt?

Sie gehören zur Nagetierfamilie der Hasenmäuse und sind mit dem Meerschweinchen verwandt. Es gibt das Kleine Chinchilla (Wollmaus) und das Große Chinchilla. Beide sind Bewohner der Anden und in Freiheit fast ausgerottet. Denn ihr silber- bis aschgraues seidiges Fell läßt sich zu wertvollen Pelzen und Wollwaren verarbeiten.

den USA bringen, um eine Zucht zu beginnen. 1934 nahm der Norweger F. Hold 16 Tiere mit in seine Heimat. Von diesen beiden Zuchtgruppen stammen die etwa drei Millionen Farmtiere ab, die es heute gibt.

Auch unsere Heimtier-Chinchillas kommen von ihnen her. Wir halten sie als Einzeltiere oder Pärchen: in einem großen Vogelkäfig oder trockenen Stall, der sich gut lüften läßt. Bodenstreu: trockener Sand oder feines Sägemehl. Dazu eine kleine Schlafkiste und zwei erhöhte Sitzbretter.

28

Ganz einfach: sie zu beobachten! Es sind keine Schmusetiere, und sie passen sich wenig dem Menschen an. Sie bewahren ihr Eigenleben. Auch unsere Eichhörnchen gehören dazu, eignen sich aber nicht als Heimtiere.

Was macht uns bei Hörnchen am meisten Spaß?

Das aus Asien stammende Streifenhörnchen (Burunduk) wird je nach Herkunft Chinesisches, Japanisches, Koreanisches oder Sibirisches Streifenhörnchen genannt. Es ist munter bei Tag und kann recht zahm werden. Aber es braucht einen großen Käfig – mindestens 100 x 50 x 80 cm –, so hoch wie möglich und mit vielen Kletterästen; dazu einen Nistkasten. Streifenhörnchen bleiben stets Wildtiere im Haus. Am besten hält man zwei: sie werden dann weniger zahm, haben aber mehr Abwechslung miteinander und sind interessanter zu beobachten. Auch zwei amerikanische Hörnchenarten sind bei uns als Heimtiere zu se-

Das muntere, gescheite Streifenhörnchen ist mit dem Eichhörnchen verwandt.

hen: das Chipmunk (Hackee), ein Erd- oder Backenhörnchen, und das amerikanische Zwerggleithörnchen (Assapan). Das Chipmunk ist sehr lebhaft. Das Zwerggleithörnchen ist ein Nachttier und läßt sich gut im hochhängenden Wandkäfig halten. Abends segelt es durch die Wohnung, wobei sein buschiger Schwanz als Steuerruder dient.

Unser Hauskaninchen, der „Stallhase", stammt nicht vom Feldhasen ab, sondern vom Europäischen Wildkaninchen. Beide gehören zwar zur Hasenfamilie, können aber miteinander keine Jungen kriegen; denn das Kaninchen hat 44, der Feldhase 48 Chromosomen. Früher hat man die Hasenartigen zu den Nagetieren gezählt, mit denen sie verwandt sind. Zum Beispiel

Wie kann ein Kaninchen zum Heimtier werden?

Das Chinchilla sieht wie ein Häschen aus und wird auch so zutraulich. Hasenmäuse sind bei Tag auf den Beinen. Als „Südamerikaner" lieben sie die Sonnenwärme, brauchen aber einen schattigen Platz.

29

haben sie zeitlebens nachwachsende Nagezähne.

Während der Feldhase ein oberirdisch lebender Einzelgänger ist, hausen Wildkaninchen gesellig in selbstgegrabenen, unterirdischen Höhlen. Sie sind außerordentlich fruchtbar: drei bis fünf, auch sieben Würfe im Jahr, je vier bis zwölf Junge. Hauskaninchen: zwei bis drei Würfe, je zwei bis zehn Junge. Im vorigen Jahrhundert brachte man einige Kaninchen nach Australien, wo es früher keine gab. Schon bald wühlten sich Millionen dieser freßgierigen Langohren durch den Kontinent und wurden zur Landplage.

Kaninchen kann man als Einzeltier in der Kiste halten. Ausgesprochene Wohnungstiere sind sie nicht: selbst bei Sauberkeit riechen sie oft recht streng. Besser ist ein geschützt stehender Stall für mehrere Tiere im Freien, vorn mit Maschendraht oder Gitter verschlossen. Die Weibchen sind verträglich und lassen mit sich schmusen. Die Männchen (Rammler, Böcke) beißen sich gelegentlich. Die Jungen kommen nackt, blind und taub zur Welt. Es sind Nesthocker — im Gegensatz zu Hasen, die gleich nach der Geburt laufen können. Man gibt Kaninchen Möhren, Kohl, Getreide, Klee und andere Futterpflanzen.

Man kann den Kaninchenstall auch selbst bauen. Unten links: Holländer. Mitte: Angorakaninchen. Rechts: Neuseeländer.

Vögel in kleinen und großen Käfigen

Was interessiert uns so an Vögeln?

Seit uralten Zeiten halten sich die Menschen Ziervögel. Denn Vögel sind schön, manche können singen und einige lernen sogar sprechen. Auch heute gibt es in Wohnungen und Hausgärten Millionen heimischer und fremdländischer Käfigvögel. In menschlicher Pflege leben sie oft viel länger als in Freiheit. Kleine Vögel werden draußen meist nicht älter als zehn Jahre, im Käfig oft fünfzehn bis zwanzig – Finken in Freiheit zum Beispiel kaum zwei Jahre, in guter Pflege acht und mehr. Dabei können manche Vogelarten „steinalt" werden: Kraniche, Uhus und Rabenvögel bis 70 Jahre, Papageien 60 bis 100 Jahre.

Vögel haben fast die ganze Erde besiedelt. Denn sie sind gewandt und lebenstüchtig und können sich gut anpassen. Doch durch das Vordringen der menschlichen Zivilisation sind viele Vogelarten bereits ausgestorben, manche im Überleben bedroht. Die Vögel bilden eine eigene Wirbeltierklasse. Es sind gleichwarme Tiere. Ihre Körpertemperatur ist höher als die der meisten Säugetiere, daher leben sie aktiver. Ihr Federkleid und die Unterhautfettschicht schützen sie gegen Kälte. Sie können nicht lange hungern. Darum füttert man Singvögel bei strengem Frost.

Seine wasserdichten Deckfedern hält der Vogel durch häufiges Putzen in Ordnung. Die Mauser (der Federwechsel) findet meistens im Herbst statt. Das Wahrnehmungsvermögen der Vögel ähnelt dem menschlichen. Vögel sehen etwa so gut wie Menschen; nur ist der Sehwinkel beider Augen getrennt einstellbar. Ihr Hörvermögen entspricht ungefähr dem unseren, doch ihr Geruchssinn ist schwächer entwickelt. Vögel haben ein sehr gutes Gedächtnis. Sie lernen auch durch Erfahrung hinzu. Je nach Art schließen sie sich ihrem Pfleger mehr oder minder an, am engsten, wenn man sie einzeln hält.

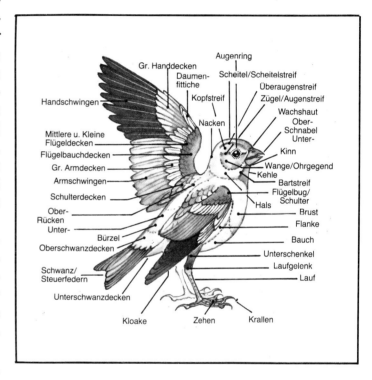

So heißen die wichtigsten Körperteile und die Federpartien bei einem Vogel.

Welche Vögel passen zueinander?

Man kann die Stubenvögel grob nach ihrer Ernährungsweise unterscheiden:
- Körnerfresser, zum Beispiel Wellensittich und andere Papageien, Kanarienvogel, Prachtfink, Webervogel.
- Weichfutter- oder Insektenfresser, wie Drosseln. Grünfutter brauchen sie alle, manche Körnerfresser auch Weichfutter als Beigabe. Alle jungen Körnerfresser leben anfangs von Insekten. Käfige

von Körnerfressern sind recht leicht sauberzuhalten, während Weichfresser durch dünnen Kot stärker schmutzen und riechen. Weichfresser sind meist schwieriger zu pflegen.

Nicht alle Vögel passen zueinander. Manche Arten würden sich dauernd streiten oder sogar töten. Zum Wellensittich passen: Nymphensittich, Rosenköpfchen, Kanarienvogel, Zeisig, Pracht- und Farbenfinken; auch mehrere Wellensittichpaare vertragen sich in einem Käfig. Alle Pracht- und Farbenfinken passen gut zueinander. Prachtfinken leben gut mit den meisten Kleinvögeln zusammen, vor allem Finkenarten. Webervögel brauchen einen sehr großen Behälter, wenn mehrere Paare brüten sollen. Zum Beo passen Schamadrossel und Glanzstar.

Manchmal muß man einen kleinen Vogel in die Hand nehmen, um ihn zu untersuchen, auch zum Stutzen von Krallen und Schnabel. Wir halten das Köpfchen sanft zwischen Zeige- und Mittelfinger, die Flügel zwischen Daumen und kleinem Finger.

Grünfink
Kernbeißer
Star

Man kann die Eßgewohnheiten von Singvögeln am Schnabel erkennen: beim Weichfresser lang und spitz, beim Körnerfresser kurz und dick.

Worauf muß man beim Vogelkauf achten?

Man bittet den Verkäufer, das Tier einzufangen, und nimmt es in die Hand. Gesunde Tiere sind anfangs scheu und abweisend. Sofort zutrauliche, scheinbar „zahme" oder „anhängliche" Vögel, zumal mit aufgeplustertem Gefieder, sind meist krank. Das gesunde Tier ist schlank. Bläst man vorsichtig das Brustgefieder an, soll das Fleisch darunter nicht rötlich oder aufgetrieben sein. Verklebte Nasenlöcher und Federn deuten auf Darmerkrankungen (Durchfall). Die Füße dürfen nicht rauh und schuppig sein. Wer einen Sänger oder Spötter kauft, läßt sich eine schriftliche Garantie geben — für sogenannte Zuchtpaare eine Bescheinigung, daß sie bereits miteinander gebrütet und Junge aufgezogen haben.

Wie soll man Vögel halten?

Je größer der Käfig, desto besser: Vögel sind zum Fliegen geboren! Viele Arten lassen sich auch in einem großen Gemeinschaftskäfig, in der Vogelstube oder in einer Gartenvoliere (Flugkäfig) halten. In verschnörkelten Zierkäfigen verletzen sich Vögel zu leicht. Damit sie sich sicher fühlen, darf die Rückwand nicht durchsichtig, sondern muß mit einem Versteck- oder Nistkasten versehen sein.

Das gehört in den Käfig: Sitzstangen oder Kletteräste von verschiedenem Durchmesser, Bodenschale für Vogelsand, Trinkautomat, Vogelbad oder ausreichend große Schale, Körnerfutterautomat.

Auch Vögel brauchen Zeit zum Eingewöhnen. Für die ersten zwei, drei Wochen steht der Käfig am besten auf dem Schrank, damit das Tier von oben her seine neue Heimat kennenlernen kann. Später soll der Käfig in Augenhöhe angebracht sein – zur besseren Kontaktaufnahme mit den Menschen. Kommt ein weiterer Vogel hinzu, so wird er getrennt in einem kleineren Käfig eingewöhnt und immer näher dem Gemeinschaftsbehälter gerückt, bis er hineinfliegt.

Welche Krankheiten befallen Stubenvögel?

Alle Stubenvögel brauchen peinliche Sauberkeit. Sonst kann sich Ungeziefer einnisten: die rote Vogelmilbe, Flöhe und Läuse. Die Tiere magern dann ab, kratzen sich und sind vor allem nachts unruhig. Erkältungen und Entzündungen der Atemwege sind die häufigste Vogelkrankheit. Auch Darmparasiten kommen vor und müssen mit einer Wurmkur behandelt werden. Gefährlich ist die ansteckende Papageienkrankheit, die auch andere Vögel befallen kann. Äußerlich gesunde Vögel können diesen Virus übertragen. Bei allen Vogelkrankheiten sollte man den Tierarzt befragen, weil der Laie sie schwer erkennt und die Behandlung oft schwierig ist.

Der richtige Vogelbauer ist groß und viereckig – aber nicht verschnörkelt wie der exotische „Pagodenkäfig" (oben). Darin kann der Vogel nicht fliegen und verletzt sich leicht.

Papageien, die sich daheim gut halten lassen, von oben nach unten: Zuchtformen (Farbschläge) beim Wellensittich — Graupapagei — südamerikanische Amazonenpapageien — Schwarzköpfchen.

Ein australisches Nymphensittichpaar beim Brüten.

Wie kam der Wellensittich nach Europa?

Ende des 18. Jahrhunderts schickten die Engländer Strafgefangene auf Schiffen nach Australien in die Verbannung. Dort sahen die Deportierten riesige Schwärme gelbgrüner Sittiche. Nach der unregelmäßigen Farbzeichnung des Gefieders nannten sie die Vögel „Wellen"sittiche und begannen, sie in Käfigen zu halten. 1840 kamen die ersten nach Europa. Heute gibt es etwa 300 Zuchtformen — alle variieren die Grundfarben grün, gelb, weiß und blau: Lutinos und Albinos (gelb und weiß), Harlekine, Opaline, Hellflügel, Falben, Gelbgesichtige, Blaue, Pflaumenaugen, Dänische Schecken, Himmelblaue, Zimt-Olive und viele andere.

Der Wellensittich gehört zur Familie der Edelpapageien. Als Schwarmvogel liebt er Gesellschaft: Artgenossen oder andere geeignete Arten. Sprechen aber lernt er nur als Einzeltier von etwa drei Wochen an. Dazu braucht er sachkundigen Unterricht. Nach ein paar Monaten lernt er dann auch von selbst weiter. Beide Geschlechter sehen gleich aus, nur hat das Männchen eine dunkelblaue, das Weibchen eine hellgraue bis kaffeebraune Wachshaut um die Nasenlöcher. Sie werden bis zwölf Jahre alt.

Vor allem unter größeren Papageien, manchmal auch bei anderen Stubenvögeln, gibt es „Federfresser": sie rupfen sich halb nackt! Der Grund: Einsamkeit, zu enger Käfig ohne Klettermöglichkeit, zu wenig Beschäftigung und Abwechslung. Schon durch Kauästchen kann man sie beschäftigen — und durch mehr Ansprache.

Warum fressen manche Papageien ihre Federn?

Nicht alle Papageien erfreuen auch die Nachbarn. Der schöne australische Nymphensittich mit der auffälligen Kopfhaube (ein Kakadu) zum Beispiel lärmt laut. Aber er ist sehr sprechbegabt und anspruchslos. Empfindlicher, jedoch leiser, ist der hübsche, grüne Pflaumenkopfsittich. Große Kreischer können die aus Afrika stammenden Schwarzköpfchen (Agapornis) sein, auch Unzertrennliche genannt. Man hält sie stets als Pärchen. Denn diese grünleuchtenden „Liebesvögel" mit rötlicher bis gelblicher Brust und verschiedenfarbiger Kopfplatte sitzen stets eng aneindergeschmiegt. Sprechen lernen sie nicht.

Ein Sprechkünstler ist der afrikanische Graupapagei oder Jako. Man muß ihn sehr jung anschaffen. Manche Graupapageien werden 80 Jahre und älter. Auch die Amazonenpapageien aus Südamerika sind gute Sprecher.

Als die Spanier die Kanarischen Inseln vor der westafrikanischen Küste eroberten, begeisterte sie der wechselvolle Gesang des wilden Kanarengirlitz. Schon um 1500 brachten sie die ersten Käfigvögel nach Europa. Um 1600 gab es in Augsburg und Nürnberg Zuchten. Aus der grünen Wildform entstand die gelbe Zuchtform. Im 18. Jahrhundert gab es schon die verschiedensten Farben sowie den Haubenkanari. Kanarienvögel waren damals ein beliebtes, aber teures Hobby. Heute sind etwa 40 Rassen bekannt. Alle sind leicht zu halten und zu züchten.

Wer züchtete die ersten Kanarienvögel?

So verschieden können Kanarienvögel aussehen: links ein Engl. Norwich-Kanarie — in der Mitte Pärchen des üblichen Kanarienvogels — rechts Gestalt-Kanarienvogel „Holländer". Es gibt auch Mischlinge.

Prachtfinken sind bunte Kostbarkeiten,

Warum sind Pracht- und Farbenfinken so beliebt?

dazu meist gute oder wenigstens angenehme Sänger. Als Tropenbewohner aus Afrika, Asien und Australien brauchen sie viel Wärme. Sie schließen eine Dauerehe, sitzen oft nahe zusammen und schlafen auch dicht geschmiegt. Am besten hält man mehrere in einem großen Käfig. Sie lassen sich auch leicht züchten, sind aber lärmempfindlich. Obwohl sie zwölf Jahre alt werden können, sterben viele früh, weil sie falsch gehalten werden. Wenig empfindlich und daher als Anfängervögel leicht zu halten sind die zutraulichen afrikanischen Schmetterlingsfinken. Sie gehören zu den Astrilden. Wie ihre Verwandten — etwa Orangebäckchen oder Grauastrild — füttert man sie mit Körnern und Grünzeug, zusätzlich mit Ameisenpuppen und Mehlwürmern; dann singen sie besser. Andere afrikanische Prachtfinken sind der Buntastrild mit seinem schwermütigen Gesang, der auffällige Bandfink und das schöne Silberschnäbelchen.

Auch asiatische Prachtfinken sind beliebt: vor allem der südasiatische Reisfink, der indische Tigerfink oder das japanische Möwchen. Unter den bunten pazifisch-australischen Prachtfinken — meist aus hiesiger Zucht — steht an erster Stelle der fröhliche Zebrafink. Wie der Schmetterlingsfink ist er für Anfänger gut geeignet.

Mit den Prachtfinken (und unseren Sperlingen!) ver-

Was ist an Webervögeln so spannend zu beobachten?

wandt sind die Webervögel. Typisch sind ihre wie „gefüllte Strümpfe" von den Ästen hängenden, kunstvoll geflochtenen Nester: Oft hundert und mehr auf einem Baum! Denn die Webervögel sind gesellige Koloniebrüter. Im tropischen Afrika, auf Madagaskar und im indoaustralischen Raum leben mehr als 100 Arten dieser meist nur sperlings-

Schöne Prachtfinken, die viel Freude machen. Von links: Zebrafink (Australien), Diamantfink (Australien) und Schmetterlingsfink (Zentralafrika).

großen Vögelchen, vorwiegend gelb und rot gefärbt. Am besten hält man wenigstens ein Pärchen. Gibt man ihnen das richtige Material, so ist es ungeheuer interessant, sie bei ihrem kunstvollen Nestbau zu beobachten. Besonders gut geeignet als Vogel für Anfänger ist der afrikanische Blutschnabelweber. Meisterhaft und ausdauernd baut er sein Kugelnest mit seitlichem Einschlupf. Er tschilpt anhaltend wie unser Spatz. Leicht zu halten und interessant sind auch der Oryxweber, der Brand-, Orange- und Napoleonsweber.

Ein Textorweberpaar aus Afrika beim Nestbau.

Jede Webervogelart baut ein anderes Nest. Das „Muster" dafür ist angeboren. Die Jungvögel brauchen nicht zu lernen, wie man das macht.

Wer ist der Spötterkönig unter den Vögeln?

„Spotten" nennt man bei Vögeln das Nachahmen von Stimmen und Geräuschen. In jedem Zoo gibt es mindestens einen Beo. Diese „Hügelatzel" kommt in verschiedenen Rassen von Indien bis Südostasien vor: grünschwarz mit gelben Hautlappen hinter den Augen. Der Beo stellt mit seinem Nachahmungstalent sogar die meisten Papageien in den Schatten. Er plappert, singt, pfeift, flötet und trällert wie kaum ein anderer. Was er hört, macht er nach. Trotzdem ist es besser, auf Beos als Heimtiere zu verzichten. Denn sie brauchen einen sehr großen Drosselkäfig. Sie sind sehr teuer. Man muß sich viel mit ihnen beschäftigen. Und sie gehören in ihrer Heimat zu den vom Aussterben bedrohten Arten.

Wer statt dessen einen guten ausländischen Sänger haben will, kann eine Schamadrossel (aus Indien bis Thailand und den Sundainseln) oder eine Chinesische Nachtigall wählen. Die Schamadrossel ist ein hochbegabter Spötter — die Chinesische Nachtigall der bessere Sänger. Manchmal flötet sogar das Weibchen leise mit.

37

Fische im Aquarium

Warum ein Aquarium?

Das Leben der Fische hat die Menschen schon immer fasziniert. Die alten Chinesen waren gute Naturbeobachter und Züchter. Auch die Römer verstanden sehr viel von der Fischzucht. Als im 17. Jahrhundert die ersten bunten Exotenfische aus fernen Ländern nach Europa kamen, fanden sie vor allem in vornehmen Kreisen begeisterte Liebhaber. Heute ist Aquaristik (auch Vivaristik genannt) ein Hobby für viele.

Viel Interessantes zu sehen gibt's im Aquarium.

Viele Aquarienfische werden kaum zwei bis drei Jahre alt — obwohl manche Fischarten sogar in Freiheit sehr alt werden können: Hechte, Welse, Karpfen und Störe zum Beispiel 50, 80 und über 100 Jahre. Wer Fische gern beobachtet, begeistert sich immer wieder an ihrer Farbenpracht, ihren Bewegungen, ihrem sehr unterschiedlichen Verhalten — egal, ob es Einzelschwimmer oder Schwarmfische sind. Fische haben gute Augen, können Farben unterscheiden, haben einen feinen Geruchssinn. Ihr Gehör ist mehr oder weniger gut entwickelt. Es gibt eierlegende und lebendgebärende Fische. Die Eier (Rogen) schwimmen nach der Befruchtung durch den männlichen Samen (Milch) frei im Wasser oder heften sich an Pflanzen, Steine oder Bodengrund. Manche Fische bauen regelrechte Nester und kümmern sich ausdauernd um ihre Brut.

Man unterscheidet Friedfische und Raubfische. Friedfische (zum Beispiel Guppys) verzehren vor allem Pflanzen und Plankton — darunter versteht man Algen, winzige Krebschen, Nesseltierchen und andere Kleinstlebewesen. Im Aquarium ernährt man sie vorwiegend mit Trockenfutter. Raubfische (zum Beispiel Barsche) fressen kleinere Wirbeltiere und Fischchen. Man gibt ihnen vorwiegend Lebendfutter.

Eine unübersehbare Schar von Feinden macht den freilebenden Fischen zu schaffen — nicht zuletzt der Mensch. Aber auch in Gartenteich und Aquarium können Schädlinge eindringen oder eingeschleppt werden: hauptsächlich Insekten, Egel und kleine Parasiten. Sogar manche Pflanzen, zum Beispiel einige Wasserschlaucharten *(Utricularia),* verzehren Lebewesen: etwa lebendes Fischfutter (Wasserflöhe) oder sogar frisch geschlüpfte Fischchen.

Welches Aquarium paßt für welche Fische?

Man unterscheidet Süß- und Meerwasserbecken. Meerwasserbecken brauchen sehr viel Zeit, Geld und Erfahrung.

Beim Süßwasseraquarium kann man wählen zwischen Kalt- und Warmwasserbecken. Fürs Kaltwasseraquarium eignen sich neben heimischen Fischarten zum Beispiel auch Goldfische oder nordamerikanische Barscharten — fürs Warmwasseraquarium bunte Exoten aus warmen Ländern. Die Größe des Behälters hängt von der Art und Zahl der Fische ab — ob Einzelschwimmer oder Schwarmfische. Wobei man immer dran denken muß, daß sich Fische rasch vermehren. Die erforderliche Literzahl berechnet man pro Fisch nach seiner größtmöglichen Länge. Ein Beispiel: Man will 20 Guppys halten. Ein Guppy wird höchstens 5 cm groß. Sie brauchen also 5 x 20 = 100 Liter Wasser. Danach kauft man das Becken.

Auch Fische brauchen Sauerstoff. Sie entnehmen ihn mit ihren Kiemen dem Wasser. Die Wasserpflanzen liefern ihn

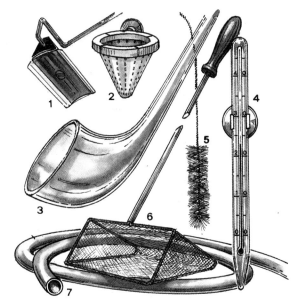

Geräte für den Aquarianer: Scheibenreiniger (1), Futtersieb (2), Fangglocke (3), Thermometer (4), Bürste (5), Fangnetz (6), Schlauch (7).

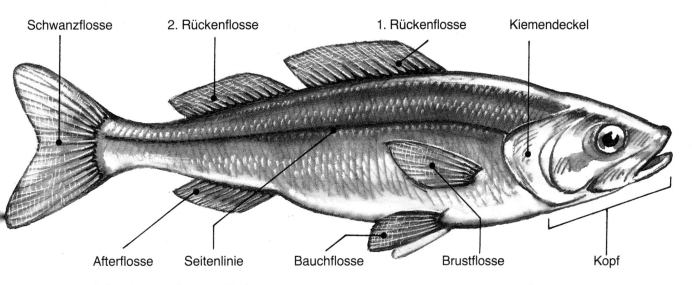

Das sind die Körperteile eines Fisches.

— und zusätzlich ein Durchlüfter. Außerdem ist ein Filter zur Reinigung nötig. Beleuchtungen sowie Heizungen für Warmwasserbecken liefert der Fachhandel.

Alle Fische sind mehr oder minder Lebendfutterfresser. Man füttert abwechselnd Trockenfutter und lebende Tiere, die man im Zoogeschäft kauft oder selbst fängt. Bei gu-

Was ist wichtig für Ernährung und Gesundheit von Fischen?

So setzen wir die Fische im Transportbehälter ein.

Pflanzen für das Aquarium, von links: Kanadische Wasserpest — Indischer Wasserfreund — Pfeilkraut — Wasserähre.

Schnecken verzehren nicht nur Algen und Abfälle, sondern zeigen auch an, ob im Beckenwasser giftige Bestandteile sind. Dann liegen sie müde umher. Links: Rote Posthornschnecke. Rechts: eine Turmdeckelschnecke, die im Bodenmulm lebt.

ter Pflege sind Fischkrankheiten selten — dann aber schwer zu bekämpfen. Krankheitsanzeichen sind zum Beispiel: auffallende Abmagerung, Trüb- oder Glotzaugen, zerfressene Flossen (Flossenfäule), weiße Flecken an Schuppen und Flossen, Taumeln beim Schwimmen oder apathisches Stehen nahe der Scheibe.

Dann muß der Fisch sofort in ein kleineres Quarantänebecken. Gegen Pilzbefall, Flossenfäule und andere Krankheiten gibt es im Zoogeschäft Medikamente. Wichtig ist, die Ursache zu finden: Sind Schädlinge im Becken? Ist das Aquarium überfüllt? Oder zu dicht bepflanzt? Ist das Wasser zu hart — oder zu lange nicht gewechselt worden, also sauerstoffarm? Ist das Zimmer zu stark verräuchert oder etwa durch Insektensprühmittel vergiftet?

Im Kaltwasseraquarium beträgt die durchschnittliche Temperatur 15—19 Grad.

Welche Fische gehören ins Kaltwasseraquarium?

Ein bewährter Anfängerfisch für Aquarium wie Gartenteich ist der Goldfisch. Seine verschiedenen Zuchtformen — wie die Schleierschwänze — sind schon schwieriger zu halten. Goldfische sind Allesfresser, die Trockenfutter, Lebendtiere und Pflanzen verzehren.

Billig sind Bitterlinge. Man kann sie mit dem Käscher auch selbst fangen — in Tümpeln, Altwässern und seichten Buchten von Flußunterläufen. Diese schönen kleinen Fische aus der Karpfenverwandtschaft der Karauschen sind am Rücken graugrün, schimmern an den Flanken silbrig, haben grüne Längsstreifen oder blaßrote Flossen. Prächtig leuchtet das regenbogenfarbige Hochzeitskleid des Männchens: blauviolett, am Bauch orange bis rot. Er trägt es von April bis Juni.

Gut zu Bitterlingen paßt ein Schwarm

Ein anspruchsloser Fisch fürs unbeheizte Becken ist der Bitterling.

anspruchsloser Moderlieschen oder Sonnenfischchen: Weißfische der Karpfenverwandtschaft. Spannend zu beobachten ist ihre Jagd auf Insekten und anderes Kleingetier an der Wasseroberfläche sowie die Brutpflege durch das Männchen. Ein großer Insektenvertilger ist auch die Ukelei, während ein Schwarm Gründlinge im Gesellschaftsbecken am Boden eifrig lebende Würmer, Larven und anderes Kleingetier verzehrt und dabei tüchtig Mulm aufwühlt.

Besonders interessant ist die Brutpflege des Stichlings (oben graugrün,

Stichlingsmännchen beim Bau des Bodennestes, in das sein Weibchen die Eier legt. Wache und Brutpflege besorgt das Männchen sehr aufmerksam.

Seiten und Bauch hell silbrig, seitlich gebogene Querstreifen). Er bewohnt Teiche, Tümpel, Gräben und Brackwässer der Küstengebiete — ruckartig schwimmend, mit auffällig hochsitzenden Augen. Um Anfang April bis in den Hochsommer trägt das Männchen sein am Bauch leuchtend rotes Hochzeitskleid und bekommt auffallend grüne Augen. Jetzt ist der sonst friedliche Schwimmer rauflustig und ficht heftige Rivalenkämpfe aus. Der Unterlegene wird regelrecht blaß, der Sieger schwillt hochrot an. Man bestückt das Aquarium mit ein paar Steinen und Pflanzen. Am interessantesten ist es, zwei bis drei Männchen und mehrere Weibchen zu halten. Sie bauen kunstvolle Bodennester an mehreren Stellen. Das Männchen pflegt die Brut ausdauernd.

Diese Exoten brauchen um 23—27 Grad

> **Welche Warmwasserfische sind für Anfänger interessant?**

Wassertemperatur. Die Auswahl ist fast unerschöpflich groß. Mit lebendgebärenden Zahnkarpfen läßt sich ein buntes Gesellschaftsaquarium bestücken. Am beliebtesten ist der „Millionenfisch" Guppy, ein nachkommenreicher Schwarmfisch aus dem nördlichen Südamerika. Die Standardform ist leicht zu halten und zu züchten. Sehr interessant sind die Labyrinth- oder Kletterfische. Neben den Kiemen haben sie zusätzliche Atmungsorgane, so daß sie direkt aus der Luft Sauerstoff aufnehmen können. Darum springen sie gern über den Wasserspiegel hinaus; man muß also das Becken gut abdecken. Andere reizvolle Arten: der südostasiatische Großflosser oder Paradiesfisch; die Fadenfische (wie Mosaikfadenfisch, der Knurrende und der Küssende Gurami); der indochinesisch-malaiische Kampffisch, dessen Männchen sich heftige Rivalenkämpfe liefern und unter der Wasseroberfläche aus Luftblasen ein Schaumnest für die Eier bauen.

Von den karpfenähnlichen Warmwasserfischen werden vor allem die aus Indien stammenden anspruchslosen Zebrabärblinge und die Prachtbarben gehalten; von den Salmlern die beiden südamerikanischen Arten „Roter von Rio" und Neonsalmler. Schwärme dieser winzigen bunten Fischchen beleben jedes Aquarium — wobei der Neon wie eine bunte Leuchtstoffröhre glüht. Von den Buntbarschen, deren Brutpflege sehr interessant ist, werden die amerikanischen Arten reichlich angeboten: der Zwerg- und der Tüpfelbuntbarsch. Stattlicher sind die Segelflosser (Skalar) und der Diskusbuntbarsch, der als „König der Aquarienfische" gilt. Außergewöhnlich ist der afrikanische Vielfarbige Maulbrüter. Sein Weibchen brütet die Eier im Kehlsack aus. Bis 200 Junge behütet sie nachts und bei Gefahr in ihrer „Maulwiege".

Von links nach rechts: Schleierkampffische aus Siam — Guppys, hier mit „Schleierschwanz" — Kirschflecksalmler — Segelflosser.

Black-Molly, darunter Schwertfisch mit Weibchen.

Ein Schwarm „Roter Neon". Jedes der winzigen Fischchen scheint wie ein Leuchtröhrchen zu glühen.

Tiere im Terrarium

Im Terrarium können wir heute noch das Wunder der Artenentwicklung nacherleben. Als erste Lebewesen bewegten sich die Vorfahren der Lurche (Amphibien) vom Wasser ans Land – das war vor etwa 300 Millionen Jahren. Aus Kiemenatmern wurden Lungenatmer. Zur Eiablage kehren viele Amphibienarten noch immer ins Wasser zurück. Ihre Jungen kommen als Larven (Kaulquappen) zur Welt und leben anfangs wie Fische. Sie haben noch keine Beine, sondern Ruderschwänze, und Kiemen statt Lungen. Dann läuft vor unseren Augen ihre wunderbare Wandlung (Metamorphose) ab: Sie werden zu Lungenatmern, erhalten ein anderes Blutsystem, und die Froschlurche verlieren den Schwanz. Nun suchen sie an Land feuchte Schlupfwinkel, wollen sich aber als wechselwarme Tiere oft sonnen oder wenigstens wärmen. Lurche sind vorwiegend Jäger, die Kerbtiere, Würmer, Krebse, Tausendfüßler, Spinnen, Schnecken erbeuten.

Erst 100 Millionen Jahre nach den Lurchen erschienen die ersten Kriechtiere (Reptilien) an Land. Im Terrarium hält man Land- und Wasserschildkröten sowie Eidechsen und Schlangen. Unsere heutigen Echsen sind Nachfahren der einstigen phantastischen Flug- und Riesensaurier – ein urtümliches Geschlecht also, gleichfalls wechselwarm und eierlegend. Die Jungtiere sind sofort nach dem Schlüpfen lebenstüchtig. Terrarienhaltung ist ein Hobby für geduldige Beobachter. Manche Bewohner sind dämmerungs- und nachtaktiv. Doch mit Dunkelkammerbeleuchtung (Rotlicht) lassen sich ihre heimlichen Aktionen sichtbar machen. So gut wie alle Terrarienbewohner sind Einzelgänger. Das Echsenmännchen verteidigt seinen Nahrungs- und Fortpflanzungsraum gegen Rivalen in unblutigen Turnierkämpfen – falls der Behälter ausreichend groß ist. Bleibt kein Fluchtraum, so kann es üble Wunden geben. Das heißt: Es müssen auch ausreichende Verstecke vorhanden sein – möglichst so angeordnet, daß der Behälter leicht von Kot und Urin gereinigt werden kann. Sonst wimmelt es bald von Ungeziefer und Krankheitserregern.

Was können wir im Terrarium sehen?

Das Uferterrarium (Aquaterrarium oder Paludarium) mit einem Land- und einem Wasserteil ist geeignet für Molche, Salamander, Frösche und Sumpfschildkröten; das Landterrarium für Landschildkröten, Echsen und Schlangen. Der Behälter soll einen Ausschnitt aus einem natürlichen Lebensraum darstellen: Wüste, Heide, Steppe, Felslandschaft, heimischer Feuchtwald, tropischer Regenwald zum Beispiel. Mancher heimische Landschaftstyp — etwa das Feuchtterrarium für Schwanzlurche — kann bei etwa 15—17 Grad unbeheizt bleiben.

> **Was ist ein Land- und was ein Uferterrarium?**

Das Terrarium muß gleichmäßig erwärmt sein, ohne die Pflanzen zu versengen, die Heizung gut umkleidet, damit die Tiere sich nicht verbrennen.

Exotische Pflanzen fürs Trockenterrarium. Links: Bajonettpflanze (Sanseveria). — Mitte hinten: Dickblatt (Crassula). — Vorn: Agave. — Rechts: Scheibenkaktus (Opuntie).

Das Uferterrarium, mit Land- und Wasserteil, soll ein Ausschnitt aus der Natur sein — je nach Tierarten verschieden.

Kältezonen sind Gift für die Insassen. Als Bodenbelag dient Sand für das Wüstenterrarium, locker gesiebte Walderde für das Feuchtwaldterrarium. Als Verstecke dienen Pflanzengruppen, Baumstrünke, künstliche Höhlen. Klettertiere brauchen verzweigte Äste oder Steinterrassen.

Was ist bei der Pflege und Ernährung zu beachten?

Lurche und Kriechtiere brauchen sorgfältige Pflege und Ernährung. Sonst stellen sich meist nur schwer heilbare Krankheiten ein. Besonders wichtig für ihr Wohlbefinden ist die Möglichkeit, selbst Jagd auf Futtertiere zu machen. Das entspricht ihrer Natur. Das Lebendfutter richtet sich nach der Jahreszeit. Maden, Obst- und Taufliegen, Eintagsfliegen, Heuschrecken und Würmer kann man das ganze Jahr über züchten. Besonders nahrhaft sind etwa Falter und ihre Raupen, Regenwürmer, Gehäuseschnecken (gutes Kalkfutter!) und Nacktschnecken — aber nicht aus Gärten mit Schneckengift! Freilebende Lurche und Kriechtiere darf man auf keinen Fall fangen. Die meisten unserer heimischen Tiere sind geschützt.

Warum sind Schwanzlurche interessant zu beobachten?

Molche wie Salamander lieben feuchte Verstecke aus Rinde, Moos oder bemoosten Steinen. Die meisten Landmolche, vor allem die europäischen, kehren zur Laichzeit ins Wasser zurück. Sie bilden dann wieder vorübergehend Flossenansätze! Diese Tiere setzt man bei hoher Luftfeuchtigkeit ins Uferterrarium oder in ein Aquarium. Schwanzlurche sind Nachttiere, die bei trübem Wetter auch mal tagsüber aus dem Versteck kommen. Besonders spannend sind die Hochzeitstänze der Männchen, deren Rückenkamm sich dann lebhaft färbt. Das Weibchen setzt die Eier an Wasserpflanzen ab, wie Ludwigien und Wasserpest. Da Molche Laichräuber sind, muß man die Elterntiere, falls man weiterzüchten will, vorübergehend absondern.
Oft in Terrarien gehalten werden Bergmolch, Spanischer Wassermolch und Japanischer Feuerbauchmolch; von den Salamandern vor allem die amerikanischen Arten: Marmor-, Tiger- und Bachsalamander.

Warum gilt der Laubfrosch als Wetterprophet?

Weil er besonders wetterfühlig ist. Das zeigt sich in der freien Natur: Bei steigendem Luftdruck zum Beispiel tönt lautes Quaken am Laichplatz, bei fallendem läßt es nach. Im Terrarium dagegen klettert er vor allem dann hoch, wenn unten zu schlechte Luft herrscht. Das kann am Tiefdruckwetter liegen oder am schlecht belüfteten Behälter. Alle Froschlurche sind gute Springer, Kletterer und Läufer. Darum muß das Terrarium weit und vor allem hoch sein. Als Lauer- und Schnapp-

Der geschützte Feuersalamander gehört nicht ins Terrarium. Wir beobachten ihn im Freien. Der ätzende Saft der Hautdrüsen kann kleine Tiere töten.

jäger reagieren sie auf Bewegungen. Da sie dann auch kleine Tiere der eigenen Art packen, sollte man nur Tiere ähnlicher Größe halten. Sie lernen bis zu einem gewissen Grad sogar ihren Pfleger kennen.

Laubfrösche sind bei uns sehr selten geworden und geschützt. Man kauft daher fremde Zuchtfrösche: etwa den

Früher gab's den Laubfrosch oft in Weghecken zu sehen. Er ist leider selten geworden, da er nicht mehr genug Laichgewässer und Gebüsch findet.

Grünen Laubfrosch und den Königslaubfrosch aus Kalifornien. Andere Froschlurche fürs Terrarium: der Springfrosch, die nordafrikanische Berberkröte und die nordamerikanische Prärie- oder Texaskröte.

Weil sie falsch gehalten werden: zu

Warum müssen Schildkröten so oft leiden?

einseitige Fütterung, Zugluft oder kalte Bodenplatten, zu wenig Auslauf. Junge Schildkröten in Freiheit sind sofort nach dem Schlüpfen lebenstüchtig — im Terrarium überleben sie nur in fachgerechter Obhut. Dann können sie sehr alt werden.
Viele Landschildkröten sterben beim Winterschlaf, weil sie innerlich verfaulen. Da muß man vorsorgen: Die letzte Woche vorm „Einkellern" nicht mehr füttern, dann lauwarm baden, um die Kotabgabe zu fördern. In die mit Fliegendraht verschlossene Kiste gehört ein Sand-Torf-Gemisch mit viel trockenem Laub. Sie wird im frostfreien Keller bei etwa 8 Grad aufbewahrt. Sollte die Schildkröte aufwachen und nicht weiterschlafen wollen: in die warme Wohnung zurückholen und wieder füttern.
Sumpfschildkröten brauchen viel Wärme. Beliebt sind die nord- bis mittelamerikanische Rotwangenschildkröte und die Florida-Schmuckschildkröte.

Weil er rasch wieder nachwächst!

Warum leben Eidechsen auch ohne Schwanz weiter?

Eidechsen stoßen nämlich den Schwanz ab, um Feinde zu täuschen. Er schlängelt sich fort und lenkt den Angreifer ab — ein großartiger Abwehrtrick der Natur!
Viele Eidechsen sind gute Kletterer, darum muß der Behälter groß und gut abgedeckt sein. Sie gewöhnen sich an den, der sie regelmäßig füttert. Ihre Hauptnahrung sind Spinnen, Fliegen, Käfer, Würmer, Grillen, Heuschrecken, auch Mehlwürmer.
Sehr reizvoll sind auch Geckos. Mit ihren Haftellerchen an Fingern und Ze-

Zwei schöne Schildkröten: Florida-Schmuckschildkröte (oben) und Indische Dachschildkröte.

hen erklettern sie spielend eine senkrechte Scheibe: so der Grüne Taggecko, der Streifen- oder Mauergecko. Der stattliche asiatische Tokee verzehrt sogar kleinere Mäuse und andere Terrarienbewohner. Gut zu halten sind auch Bodenechsen wie die amerikanische Rotkehlanolis oder die beinlose Blindschleiche, die viele fälschlich für eine Schlange halten. Sie bringt lebende Junge zur Welt.

Sie verschlingen ihre Beutetiere lebend, und verdauen sie mehr oder minder lange mit Haut und Haar. Diese Schuppenkriechtiere sind ebenso scheu wie interessant. Ihr gefürchteter „magischer Blick" kommt einfach daher, daß sie kurzsichtig sind und verkümmerte Augenlider haben. Vor allem zur Häutungszeit brauchen sie Ruhe und Wärme, gute Badegelegenheit im Uferterrarium und Durchschlupf zwischen Pflanzen- und Astgewirr, damit die alte Haut leichter abgeht. Schlangen muß man sorgsam halten, dann lernen sie ihren Pfleger bald persönlich kennen. Sie verzehren hauptsächlich Lebendfutter.

> **Warum schlucken Schlangen, ohne zu kauen?**

Für den Anfänger eignen sich vor allem Nattern: sie sind klein, ungiftig und recht anspruchslos. Unsere heimischen Nattern sind geschützt. Es gibt ausländische Arten zu kaufen. Im Aquaterrarium mit großem Wasserteil sieht man oft die Vipernatter, die Regenwürmer, Frösche, Fische und Wassermäuse verzehrt.

Diese Ringelnatter verzehrt gerade einen Frosch.

Eine schön gezeichnete Griechische Landschildkröte.

Junger Leopard-Gecko. Seine Heimat ist Indien.

47

Warum gehören die meisten freilebenden Tiere nicht ins Haus?

Freilebende Tiere sind Wildtiere und würden in der Wohnung verkümmern. Manche heimischen Arten sind beinahe ausgerottet: Sie stehen unter Schutz und dürfen nicht gefangen werden.

Viele heimische Finkenvögel dagegen sind beliebte Käfigsänger: Zeisig, Dompfaff, Grünfink, Bluthänfling, Stieglitz oder Buchfink. Obwohl sie nicht geschützt sind, weil sie noch recht häufig vorkommen, soll man sie nicht im Freien fangen. Es gibt Züchter, die heimische Singvögel verkaufen. Greifvögel gehören nicht in den Wohnungs- oder Gartenkäfig.

Ein „besonderes" Heimtier ist der Igel. Er gehört zu den Insektenfressern und ist auch im Garten ein nützlicher Schädlingsvertilger — falls er auf seinen nächtlichen Streifzügen durch den Zaun schlüpfen kann. Gifte im Garten schaden ihm und töten seine Nahrungstiere. Wenn es Hecken, Gestrüpp, einen Laub- oder Reisighaufen, einen Holzstoß oder ein Gartenhäuschen in einer Ecke gibt, wohnt der Igel auch gern in diesem Versteck.

Der Igel steht unter Schutz. Er darf nicht gefangen und eingesperrt werden, es sei denn in den Wintermonaten: Schwächliche Igel, die weniger als 500 Gramm wiegen, darf man gegen Mitte Oktober bis November ins Haus nehmen. Meist haben sie viel Ungeziefer und müssen zuerst zum Tierarzt. Die Pflege ist mühsam, die Ernährung nicht billig.

Der Igel kommt in eine Auslaufkiste mit Schlafhaus. Als Streu dienen Heu, Stroh, zerknülltes Zeitungspapier. Im Frühjahr, wenn die Nachtfröste vorbei sind, muß er wieder freigelassen werden. Am besten setzt man ihn an einem Wald- oder Dorfrand, entfernt von Autostraßen, aus. Alljährlich werden nämlich Hunderttausende von Igeln nachts totgefahren.

Nur wenn draußen genug Wildtiere leben, ist die Natur in Ordnung. Und auch nur dann gibt es immer wieder Heimtiere, die ja alle von Wildtieren abstammen.

Hingebungsvoll betreut die Igelmutter ihre Kinder. Die kleinen Stachelritter streifen nachts durch Wald, Feld und Garten, um Insekten, Schnecken, Würmer und anderes Kleingetier zu verzehren.